Heinz Burmester

Weltumseglung unter Preußens Flagge

Heinz Burmester

Weltumseglung unter Preußens Flagge

Die Königlich Preußische Seehandlung und ihre Schiffe

Ernst Kabel Verlag

Für das Deutsche Schiffahrtsmuseum
herausgegeben von Uwe Schnall

Redaktion: Ursula Feldkamp, Uwe Schnall (verantwortlich)
Gesamtherstellung: Clausen & Bosse, Leck
ISBN 3-8225-0062-3

Vorwort

Im 18. Jahrhundert war das Königreich Preußen durch seine starke Armee ein Machtfaktor in Europa geworden, allerdings nur als Landmacht. Zur See war es nicht präsent, so daß es nicht zu den Großmächten zählte. Es gab keine preußische Kriegsflotte, und die Kauffahrtei beschränkte sich auf die europäischen Küstengewässer.

Friedrich der Große bemühte sich, die Entwicklung eines preußischen Überseehandels zu fördern; er gründete die privilegierte Königliche Seehandlungs-Gesellschaft, die mit eigenen oder auch gecharterten Schiffen die Kauffahrtei nach fernen Ländern betrieb.

Das vorliegende Büchlein zeichnet die königlichen Unternehmungen zur Förderung des preußischen Handels zur See auf und bringt aufgrund originären Quellenmaterials einen ausführlichen Einblick in den Betrieb eines preußischen Staats-Handelsschiffes, das von 1825 bis 1844 unter anderem sechs Reisen um die Erde unternahm.

Ein preußisches Machtinstrument waren die Schiffe der Seehandlung nicht; sie dienten nur der Entwicklung des überseeischen Handelsverkehrs, von dem die deutschen Hansestädte schon seit längerer Zeit profitierten. Wie machtlos Preußen zur See noch um 1850 war, zeigte sich im deutsch-dänischen Krieg, als die deutschen Häfen und Flußmündungen von den Dänen nach Belieben blockiert werden konnten.

Wedel, Juni 1988 — Heinz Burmester

Inhaltsverzeichnis

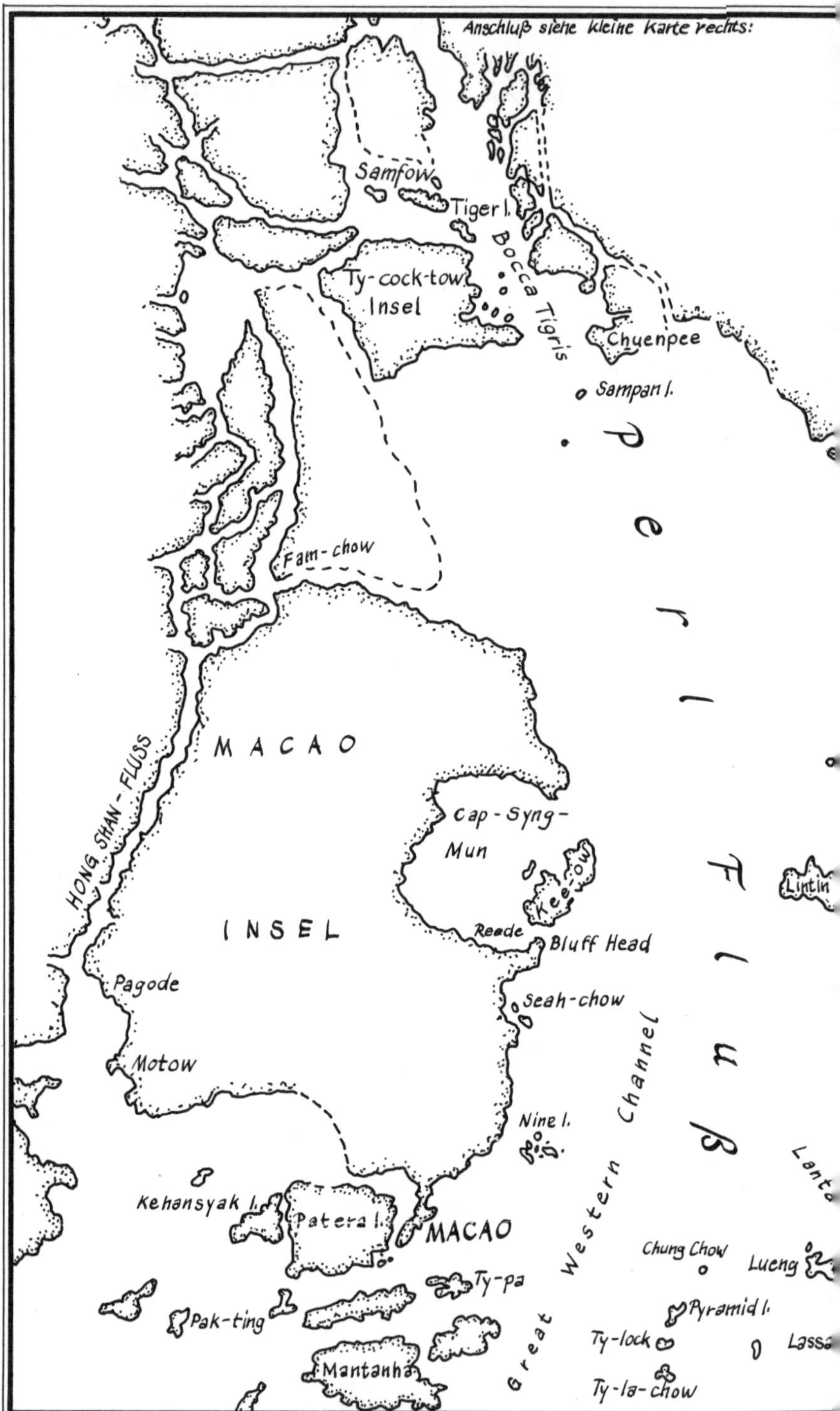

Skizze der Perlflußmündung von der See bis Kanton

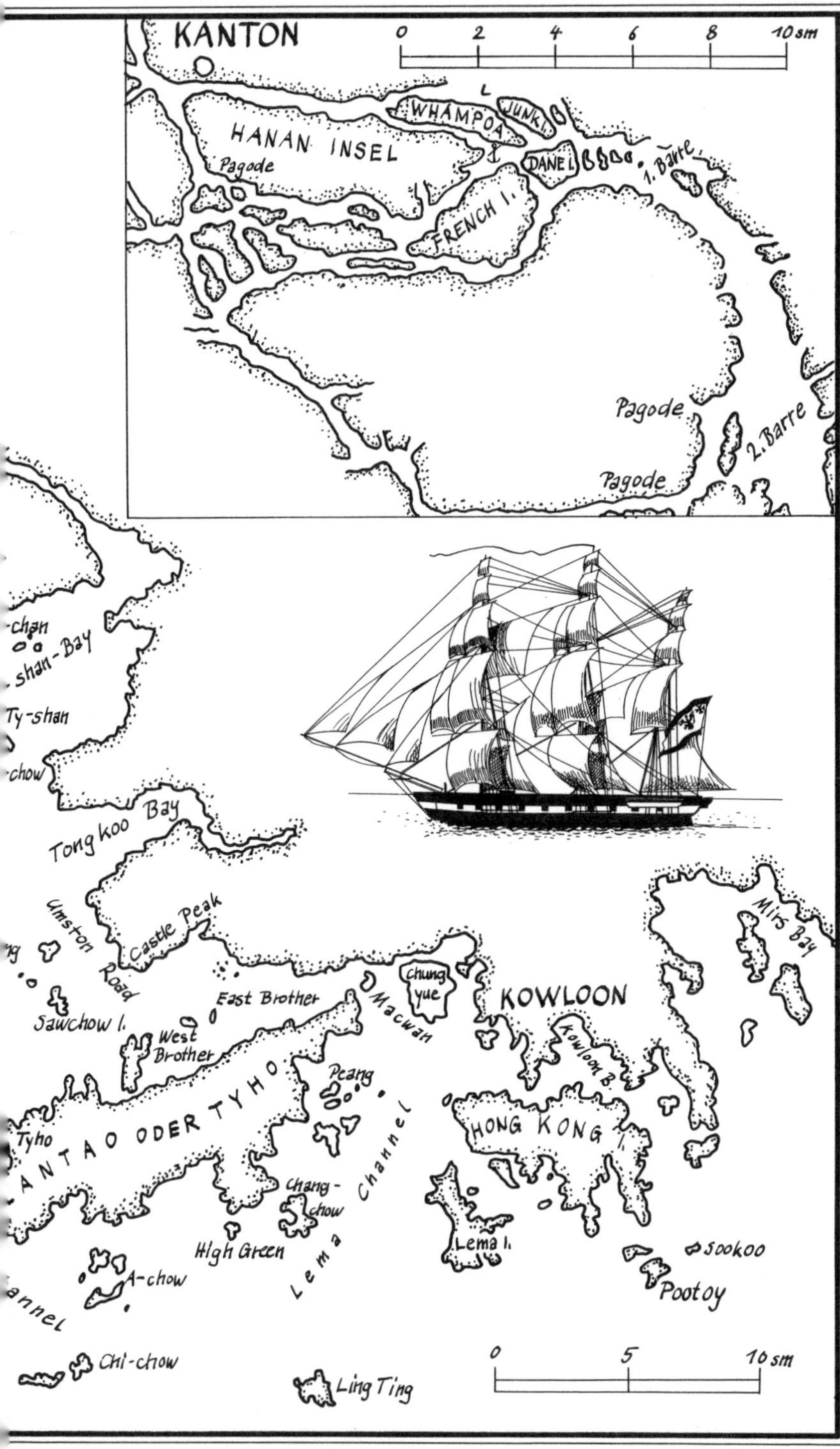

KANTON
0
2
4
6
8
10 sm
WHAMPOA
JUNK I.
HANAN INSEL
Pagode
DANE I.
1. Barre
FRENCH I.
Pagode
2. Barre
Pagode
Ty-shan
Tongkoo Bay
Umston Road
Castle Peak
Sawchow I.
East Brother
West Brother
Chung yue
Macwan
KOWLOON
Kowloon B.
Mirs Bay
Peang
Tyho
Chang-chow
Lema Channel
High Green
HONG KONG I.
Lema I.
Sookoo
Pootoy
A-chow
Chi-chow
Ling Ting
0
5
10 sm

Staatliche Handelskompanien

Staats-Handelsschiffe sind keine Erfindung sozialistischer Staaten; es gab sie schon vor Jahrhunderten in Ländern, in denen der Absolutismus herrschte. In einigen solcher Länder gab es »Handelskompanien«, die vom Herrscher mit Schiffen und Monopolen ausgestattet wurden und durch ihre Privilegien soviel Macht und Einfluß besaßen wie der sie schützende Staat. Die bedeutendsten dieser Handelskompanien besaßen Großbritannien und die Niederlande. The Honourable East India Company der Engländer war 1599 gegründet worden; sie hatte die Macht in Indien und Monopole in China. Fast ebenso mächtig war damals die Niederländische Ostindien-Kompanie, die Insulinde verwaltete und im 17. Jahrhundert über 40 Kriegsschiffe, 150 Handelsschiffe und 10000 Soldaten verfügte. Ihre umfangreichen Aufgaben wurden 1795 von der Regierung selbst übernommen, während die britische East India Company noch bis ins 19. Jahrhundert aktiv war. Im Frankreich Ludwigs des XIV. gründete in der Mitte des 17. Jahrhunderts Minister Colbert mehrere Handelskompanien, die 1719 zu einer einzigen Gesellschaft vereinigt wurden. Sie wurde 1770 aufgelöst, weil ihr Betrieb zu kostspielig wurde.

Im Vergleich mit den Institutionen der Briten und der Niederländer waren die Handelskompanien anderer Länder weniger bedeutend und nicht so mächtig, wenngleich auch ihre Schiffe bewaffnet waren und einige Privilegien beanspruchten. Das Haus Habsburg, in dessen Reich die Sonne nicht unterging, protegierte eine Kaiserliche Ostindische Kompanie in Ostende, deren Schiffe die Reichsflagge mit dem Doppeladler führten und gelegentlich bis nach China kamen. Die Chinesen wunderten sich über den Adler mit zwei Köpfen, und angeblich sollen sich einige Mandarine Gedanken über die Lebensfähigkeit eines solchen Vogels gemacht haben. Die Kaiserliche Kompanie lebte nicht lange.

Von den preußischen Königen hat Friedrich II., den man den Großen nennt, den überseeischen Handelsverkehr seines Königreichs tatkräftig gefördert. Durch den Erwerb des Fürstentums Ostfriesland gewann er 1744 mit der Stadt Emden einen Hafen, der für den atlantischen Seeverkehr bedeutend günstiger lag als die preußischen Ostseehäfen, die nicht nur durch ihre geographische Lage, sondern auch durch den dänischen Sundzoll benachteiligt waren.

Durch ein Octroi vom 4. August 1750 privilegierte Friedrich der Große die Asiatische Handlungskompagnie zu Emden, eine Aktiengesellschaft, die von dem Unternehmer Heinrich Thomas Stuart aus Amsterdam geleitet wurde. Die Schiffe der Kompagnie erhielten das Recht, die preußische Flagge zu führen, wenn sie dem Warenverkehr zwischen Emden und Ostasien zur Verfügung standen. Das erste Schiff lief im Februar 1752 nach Kanton aus, es hieß DER KÖNIG VON PREUSSEN, war 150 Fuß lang und mit 36 Kanonen bestückt; die Besatzung war mit 120 Matrosen und 12 Grenadieren ungewöhnlich stark. DER KÖNIG VON PREUSSEN wurde von Kapitän Glaitschke aus Pillau geführt und war das erste Schiff, das in Kanton die preußische Flagge zeigte, die auf weißem Feld einen schwarzen Adler trug, dessen Kopf nach rechts blickte. Nach 173tägiger Rückreise traf DER KÖNIG VON PREUSSEN im Juli 1753 wohlbehalten in Emden ein. Seine Ladung bestand zur Hauptsache aus Tee, außerdem brachte er viel Porzellan, Rohseide und Seidenstoffe mit. Die Versteigerung der Ladung brachte 439888 Taler ein; es waren viele Kaufleute aus Hamburg, Bremen, Frankfurt sowie aus Holland und Brabant angereist.

Bis 1755 brachte die Asiatische Kompagnie insgesamt vier Schiffe in Fahrt, für die sie sechs Abfahrten von Emden nach Kanton organisierte. Die Schiffe blieben von ernsten Unfällen verschont, die geschäftliche Entwicklung war durchaus befriedigend. Aber der Siebenjährige Krieg, der 1756 begann, brachte den Verkehr von Emden nach Ostasien zum Erliegen, bevor die Verlängerung des Octroi wirksam wurde; die Asiatische Handlungskompagnie löste sich während des Krieges auf. 1753 hatte der König ein weiteres Octroi erteilt für eine Bengalische Handelskompagnie zu Emden, die ihre Entstehung der Energie eines englischen Unternehmers oder Abenteurers namens Harris verdankte. Das neue Unternehmen war jedoch glücklos, und der König mag das geahnt haben; denn er hatte die Beteiligung preußischer Untertanen an der Kompanie für den Anfang ausgeschlossen.

Das erste Schiff nach Bengalen verließ Emden im Dezember 1754; es hieß PRINZ HEINRICH VON PREUSSEN und führte die preußische Flagge. Der Kapitän war ein Flamländer und die drei Supercargos kamen aus Flandern, Frankreich und Schottland. Die Schiffsleitung hielt sich länger an der Ostküste Indiens auf als ihren Instruktionen entsprach, und im August 1756 ging das Schiff in der Ganges-Mündung durch Strandung verloren. Die Direktoren witterten betrügerische Machenschaften und erstatteten Strafanzeige gegen den Kapitän und die drei Supercargos. Der Strafprozeß in Aurich dauerte lange; die Angeklagten wurden schließlich wegen Baratterie (betrügerische Handlungen des Kapitäns oder der Besatzung zum Schaden des Reeders oder der Versicherung) zu Haftstrafen verurteilt. Einer der Supercargos hat viele Jahre in Wesel im Gefängnis gesessen, die beiden anderen waren nicht greifbar, und der Kapitän starb vor der Urteilsverkündung.

Nachdem Friedrich der Große den Krieg um Schlesien glücklich gewonnen hatte, dachte er wieder an die Förderung des überseeischen Handelsverkehrs. Jedoch waren die Verhältnisse für eine Belebung der Kauffahrtei von Emden nach Ostindien nicht günstig. Der Mißerfolg der Bengalischen Kompanie wirkte noch nach; die privaten Geldgeber hielten sich zurück, und Preußen war nach dem langen Krieg ein armes Land. Es gab zwar einige Interessenten in den nichtdeutschen Nachbarstaaten, die aktiv mitmachen wollten, der König hielt sie aber nicht für zuverlässig. Unter diesen Umständen ließen sich die Pläne nicht verwirklichen, die man nach dem Krieg für eine Königlich Preußische Ostindische Handelskompanie gehegt hatte. Auch in den 70er Jahren des 18. Jahrhunderts gab es unternehmungsfreudige Kaufleute, die sich bemühten, die Kompaniefahrten von Emden nach Fernost mit königlichem Octroi wieder zu beleben; einer der aktivsten war Carl Philipp Cassel aus Magdeburg. Aber der preußische König war nicht gewillt, die Kauffahrtei von Emden mit eigenen oder staatlichen Mitteln zu fördern, und das Recht zum Führen der preußischen Flagge sollten nur solche Schiffe erhalten, die von einem preußischen Untertanen geführt wurden.

1781 gelang es einer Gruppe von Interessenten, ein Schiff von 200 Commerz-Lasten unter preußischer Flagge in Dienst zu stellen, das den Namen DER PRÄSIDENT führte und in Emden für eine Reise nach Batavia und Indien beladen wurde. Den weiteren Reiseplan bestimmten der Kapitän und der Supercargo. Die Gesellschaft der Anteilseigner wurde von dem erwähnten C. P. Cassel geleitet, der das Emdener Bürgerrecht erworben und in Emden ein Kontor eingerichtet hatte. DER PRÄSIDENT ging im Februar 1782 auf die Reise und kehrte erst nach fast drei Jahren im Dezember 1784 zurück.*

Eine ähnliche Gesellschaft, die auch von Herrn Cassel geleitet wurde, brachte 1782 ein Fregattschiff namens ASIA in ihren Besitz und unter die preußische Flagge. Das Schiff hielt 220 Commerz-Lasten und machte eine ähnliche Reise nach Ostindien wie DER PRÄSIDENT. Obgleich die ASIA im Juli 1785 wohlbehalten und mit »reicher Fracht« nach Emden zurückkehrte, ergab die Abrechnung über die Rundreise, daß die Anteilseigner 13–14 % ihres eingeschossenen Kapitals verloren hatten.

Ein drittes Schiff ging im Dezember 1783 von Emden auf die Reise nach Ostindien und sollte auch Kanton in China anlaufen. Es hieß PRINZ FRIEDRICH WILHELM VON PREUSSEN, kam als Neubau von einer Werft in Bremen-Vegesack und hielt 300 Commerz-Lasten. Die Jungfernreise des Schiffes dauerte 2½ Jahre; die folgende Reise, die direkt nach Kanton führte, dauerte von Dezember 1786 bis Juli 1788. Diese Reise wird gelegentlich als die erste Fahrt eines preußischen Schiffes nach China angeführt; tatsächlich aber waren preußische Schiffe schon in den 1750er Jahren nach Kanton gesegelt, s. S. 12.

* Diese Angaben stammen aus dem Buch des Autors V. Ring, das unter dem Titel »Asiatische Handelskompagnien Friedrich des Großen« 1890 in Berlin erschienen ist. Dagegen schreibt Otto Höver in seinem Buch »Von der Galiot zum Fünfmaster«, daß das 1780 in Emden gebaute Fregattschiff den Namen PRÄSIDENT VON BREMEN geführt habe, und nennt Herrn C. P. Cassel einen Bremer Kaufmann; vielleicht war das nach der Emdener Episode.

Die drei Schiffe, die in den 1780er Jahren von Emden nach dem Fernen Osten expediert wurden, gehörten privaten Vereinigungen ohne feste Rechtsformen; sie haben den Anteilseignern keine Gewinne gebracht.

Die Preußische Seehandlungs-Gesellschaft

Um 1750 hatte Friedrich der Große erkannt, daß in seinem Königreich die Stadt Emden eine hervorragende Lage hatte, um als Basis für die große Kauffahrtei zu dienen. Aber mit zunehmendem Alter merkte er auch, daß die große Entfernung von Berlin nach Emden die nötige Beaufsichtigung einer königlichen Handelskompanie erschwerte. Andererseits lag ihm daran, die wirtschaftliche Entwicklung seiner neuen Provinz Schlesien zu fördern, für deren Warenausfuhr die Oder den weitaus günstigsten Transportweg bildete; denn sie führte die Flußkähne gebührenfrei via Stettin bis ans offene Meer bei Swinemünde. Solche Überlegungen mögen dazu beigetragen haben, daß das königliche Interesse an Emden sich verringerte.

1772, als die polnische Teilung Preußen Gebietszuwachs im Osten brachte, veranlaßte der König die Gründung der »Seehandlungs-Gesellschaft« in Form einer Aktiengesellschaft mit dem Sitz in Berlin. Er erteilte ihr durch ein zunächst auf 20 Jahre befristetes »Patent« wichtige Privilegien, die dazu beitragen sollten, den preußischen Seehandel zu beleben, indem die Ein- und Ausfuhr durch eigene Schiffahrt gesteigert wurde. Die ersten drei Absätze des Patentes lauteten wie folgt:

Indem Wir unablässig bemüht sind, für das Glück und den Wohlstand Unserer Unterthanen zu sorgen, so bemerken Wir, wie vortheilhaft es ihnen sein würde von Unseren Häfen die Häfen von Spanien und aller anderen Plätze zu beschiffen, wo sich vernünf-

tige und sichere Aussichten zu einem tüchtigen Gewinn von Aus- und Einfuhr für Unsern Staat vorfinden möchte.

Und da diese erste Unternehmung dienen, sie zu anderweitigen Handlungs-Operationen anzuführen: So wollen Wir aus Unsern eigenen Cassen den ersten Theil der Fonds darreichen, die zu diesem Etablissement erforderlich sind, von welchem Wir Uns so große Vortheile versprechen, daß man glauben darf, es werden sich alle und jede, denen das Wohl des Staats am Herzen liegt, und die ihr eigenes Vermögen durch anständige und erlaubte Wege zu vermehren gesonnen sind, daran Theil zu nehmen beeifern.

Zu dem Ende wollen Wir, daß vom 1sten Januar 1773 an, kein anderes Schiff, es sey fremd oder Einländisch, das nicht besagter, von Uns errichteter Handlungs Gesellschaft gehöret, oder für ihre Rechnung gebraucht wird, zum Ankauf und Verkauf des Salzes in denen Uns unterworfenen Häfen und Rheden aufgenommen oder zugelaßen werde, wer auch immer der Eigenthümer davon sey, oder unter welcher Flagge es verfahren würde bei Confiscation und andern Strafen, die Wir bestimmen werden.

Die Seehandlungs-Gesellschaft wurde mit einem Kapital von 1200000 Talern ausgestattet. Von den 2400 Aktien à 500 Talern zeichnete der König selber 2100 Stück; die restlichen Stücke wurden Privatleuten überlassen, sind aber im Laufe der Zeit von der Seehandlung zurückgekauft worden. Die Kaufmannschaft in den preußischen Seehäfen, insbesondere in Stettin, Königsberg und Emden, war nicht begeistert über die Gründung der privilegierten Seehandlung, weil man die Konkurrenz fürchtete. Das Salz, für dessen Einfuhr die Seehandlung ein Monopol hatte, holten ihre Schiffe hauptsächlich aus Spanien und Frankreich; man brauchte es für die Versorgung der ehemals polnischen Gebiete. Für die Ausreisen nach Spanien und Frankreich gab es Holz und Leinen als Ladung, außerdem Wachs, für dessen Ausfuhr aus den polnischen Gebieten auch ein Monopol der Seehandlung bestand. Der Hafen von Cadiz an der SW-Küste Spaniens war für die Schiffe der Gesellschaft ein wichtiger Stützpunkt.

Das Patent der Seehandlung und die Ausführungsbestimmungen dazu sicherten den Schiffen und ihren Besatzungen manche Vergünstigungen; zum Beispiel waren die Seeleute vom Wehrdienst befreit, wenn kein Krieg herrschte. Die Schiffe wurden angemessen bewaffnet, um sich gegen Piraten verteidigen zu können, und sie durften die Flagge mit dem Preußischen Adler führen. In Fällen von Beleidigungen und üblen Begegnungen, sowohl in Polen wie seitens irgendeiner Nation, wurde den Schiffen und ihren Besatzungen Schutz versprochen. Allerdings besaß Preußen keine Kriegsschiffe, die den Schutz auf See hätten gewährleisten können; doch bestand ein gutes Verhältnis zur Seemacht Großbritannien.

Die Seehandlungs-Gesellschaft wurde von einem General-Direktions-Kollegium in Berlin geleitet, das sich aus einem Chef, zwei Direktoren und einem weiteren Direktor in Cadiz zusammensetzte. Zum Chef hatte der König den Geheimen Oberfinanzrat Delattre ernannt, einen wohlhabenden Herrn anscheinend; denn er konnte der Seehandlung gleich zu Beginn sechs Schiffe verkaufen. Liefern konnte er jedoch nur fünf; das sechste war schon zum Zeitpunkt des Verkaufs an der englischen Südküste gescheitert. Delattre, der zweifellos ein guter Organisator war, bat schon nach dreijährigem Dienst um seine Entlassung, weil der König an seiner Redlichkeit zu zweifeln begann. 1775 führte eine organisatorische Änderung zur Umbenennung des leitenden Kollegiums in »General-Direktion der Seehandlungs-Sozietät«.

Die preußische Regierung war sehr bemüht, die Ausfuhr von schlesischem Leinen zu fördern, um die Webereien zu unterstützen. Sie verhandelte deshalb mit der spanischen Regierung über Fahrten nach den spanischen Kolonien in Amerika, doch die Spanier waren unter keinen Umständen bereit, nichtspanischen Schiffen den Zugang zu ihren Kolonien zu gestatten. Waren für die Kolonien mußten in Cadiz in spanische Schiffe umgeladen werden, so daß man dort ein Depot als Zwischenlager brauchte.

Die Unabhängigkeitserklärungen der britischen Kolonien in Nordamerika mit den daraus resultierenden kriegerischen Auseinandersetzungen brachten der internationalen Schiffahrt einen Aufschwung, von dem auch die Schiffe der Seehandlung profitierten.

Im Jahre 1784 besaß sie die nachfolgend aufgeführten elf Segelschiffe und hatte weitere vier Schiffe auf Stettiner Werften im Bau.

Seehandlungs-Schiffe 1784

Name	Reg.-T.	Besatzung	Bauort
Minister von Schulenburg	300	20 Mann	Karlskrona
Minerva	405	16 "	Stettin
Schwertfisch	465	26 "	Karlskrona
Karl	465	24 "	Rügenwalde
Adanaus	300	20 "	Ückermünde
Die drei Freunde	195	11 "	Cammin
Baronesse von der Horst	143	7 "	Stettin
Die junge Henriette	144	8 "	Stettin
Die vier Brüder	450	25 "	–
Tobias	210	12 "	Cammin
Die Stadt Stettin	240	12 "	Stettin

Die Größe der preußischen Schiffe wurde damals in »Lasten« zu 4000 Pfund angegeben. Zum Vergleich mit Größenangaben in Registertonnen ist es üblich, die Zahl der Lasten mit 1,5 zu multiplizieren, wie es auch hier geschehen ist. 4000 preußische Pfunde entsprachen einem Gewicht von 1,871 t à 1000 kg.

1794 verlängerte König Friedrich Wilhelm II. das Patent für die Seehandlung mit geringfügigen Änderungen bis 1808. Statt Seehandlungs-Gesellschaft schrieb man nun offiziell Seehandlungs-Societät, daneben wurde auch die Bezeichnung Seehandlungs-Institut benutzt.

Als Napoleon nach der Jahrhundertwende Europa mit Krieg und Kontinentalsperre überzog, wurden die internationalen Aktivitäten der Seehandlungs-Sozietät lahmgelegt; schon 1804 besaß sie keine eigenen Schiffe mehr. Doch kann man in dem Buch von J. F. Meuß über die Unternehmungen des königlichen Instituts nachlesen: »Immerhin hatte die Seehandlungs-Gesellschaft von 1772–1803 rund 2 Millionen Tonnen (à 1000 kg) Salz eingeführt, und der Aufschwung der schlesischen Leinenindustrie von den Jahren 1789 bis 1795 dürfte auch zum Teil ihr gutzuschreiben sein.«

Während der Franzosenherrschaft wurde die Seehandlungs-Sozietät nur als Finanzierungsinstitut benutzt; ein königliches

Edikt vom 27. Oktober 1810 erklärte den Staat zum alleinigen Inhaber der ehemaligen Aktiengesellschaft. Es dauerte rund 20 Jahre, bis die Seehandlungs-Sozietät sich wieder den Unternehmungen zur Förderung des preußischen Seehandels zuwenden konnte. Nach dem Ende der Freiheitskriege und der endgültigen Niederlage Napoleons war die Sozietät zunächst an dem dringlichen Wiederaufbau der preußischen Binnenwirtschaft beteiligt. Eine Neuordnung der Rechtsform und der Aufgaben der Seehandlung wurde in einer Kabinettsorder vom 20. Januar 1820 festgelegt, in der sie zu einem Geld- und Handelsinstitut des Staates erklärt wurde, das von allen Verwaltungsbehörden unabhängig zu sein hatte.

Gleichzeitig mit dem Erlaß der Kabinettsorder von 1820 hatte der König den Geheimen Oberfinanzrat Christian Rother zum Chef der Sozietät ernannt und ihn mit weitgehenden Vollmachten ausgestattet. Der 1778 geborene Bauernsohn hatte sich zu einem scharfsichtigen Finanzexperten entwickelt und war ein tatkräftiger Mann, der die ihm gestellte Aufgabe 28 Jahre lang gewissenhaft erfüllte. Dabei war er dem Grundsatz des Großen Kurfürsten gefolgt, der erklärt hatte: »Seefahrt und Handlung sind die fürnehmsten Säulen eines Etats, wodurch die Unterthanen, beides zu Wasser als auch durch die Manufakturen zu Lande, ihre Nahrung und Unterhalt gewinnen.«

Die Förderung des preußischen Überseehandels gehörte weiterhin zu den Aufgaben der Sozietät, vor allem sollten die Erzeugnisse der gewerblichen Arbeit in Übersee bekanntgemacht und verkauft werden. Doch hatte Präsident Rother zunächst nicht an den Aufbau einer eigenen Reederei gedacht, sondern wollte sich den benötigten Schiffsraum durch Fracht- und Charterverträge sichern. Die preußische Kauffahrtei war jedoch während der napoleonischen Zeit in einen kläglichen Zustand geraten, die Flotte auf die Hälfte zusammengeschmolzen, und der verbliebene Teil in schlechtem Zustand. Viele Seeleute waren abgewandert; Kapitäne für die große Fahrt standen kaum zur Verfügung. Es gab also keine geeigneten preußischen Schiffe zu chartern, sondern nur ausländische, bestenfalls Schiffe unter der Bremer oder Hamburger Flagge, auf denen aber auch andere Schiffahrtsgesetze und -verordnungen galten als in der preußischen Handelsschiffahrt.

Präsident Rother war kein Schiffahrtsfachmann, aber ein kluger Kopf, der bald begriff, daß die Seehandlung ihren vielfältigen Aufgaben nicht gerecht werden konnte, wenn ihr nur gecharterte Schiffe unter fremder Flagge zur Verfügung standen. Es war zweckmäßiger, einige eigene Schiffe in Dienst zu stellen, auf denen preußische Seeleute und Kapitäne für die große Fahrt ausgebildet werden konnten und die dem Kontorpersonal ermöglichten, mit den internationalen Schiffahrtsregeln vertraut zu werden. Ein weiterer Vorteil war, daß durch den Bau eigener Schiffe die Entwicklung der preußischen Schiffswerften gefördert wurde. – 30 Jahre später hatte sich in Preußen einiges geändert und damit auch die Argumente für und gegen staatseigene Handelsschiffe.

Während der zwei Jahrzehnte, in denen die Seefahrt der Sozietät lahmgelegt und die preußische Handelsflotte verkümmert war, gab es ein Ereignis, das die preußische Schiffahrt noch auf lange Zeit benachteiligen sollte: Durch einen Beschluß des Wiener Kongresses hatte Preußen 1815 seinen einzigen Nordseehafen Emden an das Königreich Hannover abtreten müssen. Es blieben den Preußen nur ihre Häfen an der Ostseeküste, von denen die Verbindung zum Atlantischen Ozean für Segelschiffe meistens schwierig und zeitraubend war; die Versicherungsprämien für Schiff und Ladung waren höher, und dazu kam noch der ärgerliche Sundzoll, den die Dänen bei Helsingör kassierten. Alle Schiffe mußten dort für die Kontrolle ankern und außer dem Zoll auf die Ladung noch verschiedene andere Gebühren für die Ämter zahlen.

Beim Seehandlungs-Institut hatte man zwar ausgerechnet, daß man bei der Ein- und Ausfuhr über Bremen und Hamburg in den meisten Fällen Geld sparen würde; aber Hamburg und Bremen waren Ausland für die Preußen, deshalb fiel es ihnen schwer, auf ihr Stettiner Kontor und den dortigen Stapelplatz für Aus- und Einfuhrgüter zu verzichten.

Von großer Bedeutung für die Seehandlungs-Sozietät und auch die übrige Schiffahrt war die Loslösung der spanischen und portugiesischen Kolonien in Amerika von ihren Mutterländern, die sich in den Jahren um 1820 vollzog. Dadurch standen bald die wichtigen Häfen in Lateinamerika den Schiffen der Seehandlung offen. Um die günstige Situation zu nutzen, charterte die Sozietät mit Allerhöchster Zustimmung 1822 drei Schiffe von der Bremer Firma F. & E. Delius und schickte sie, größtenteils beladen mit Leinen und Tuchen aus preußischen Landen, direkt nach Amerika. Mit einer Ladung im Wert von 54000 Talern war das Schiff AMERIKA nach Rio de Janeiro gesegelt und kehrte noch im selben Jahr mit Kaffee, Zucker und Baumwolle im Gesamtwert von 50000 Talern zurück. Die ARMINIUS erreichte im September 1822 New Orleans, wo sie ihre Ladung günstig verkaufen konnte. Für die Rückreise lud das Schiff Tabak und Baumwolle. Als es im Januar 1823 die Nordsee erreichte, waren Elbe und Weser durch Eis gesperrt. Bei dem Versuch, nach Hull einzulaufen, strandete die ARMINIUS in der Humber-Mündung und ging verloren; den Schaden trug die Versicherung.

Das gecharterte Vollschiff MENTOR ging im Dezember 1822 auf eine große Reise, auf der es zunächst Valparaiso und Coquimbo in Chile anlief, um vor allem Leinen zu verkaufen. Es setzte seine Reise via Honolulu über den Pazifischen Ozean fort und erreichte Kanton im Januar 1824. Die Chinesen waren an den preußischen Tuchen interessiert, die der Supercargo Wilhelm O'Swald in Kanton gut absetzen konnte. Auf der Ausreise nach Chile hatte die MENTOR den Kaufmann F. J. Scholz an Bord, der mit den südamerikanischen Verhältnissen gut vertraut war und in Lima die Position eines Agenten der Seehandlung übernehmen sollte. Die Seehandlungs-Sozietät war damals bemüht, in den überseeischen Ländern am Aufbau eines preußischen Konsularnetzes mitzuwirken; dabei ergab es sich manchmal, daß ein Seehandlungsagent zusätzlich das Amt eines preußischen Konsuls übernahm. – Auf der ersten Erdumseglung der PRINCESS LOUISE war der Supercargo O'Swald von Präsident Rother beauftragt, sich in Kanton nach preußischen oder deutschen »Individuen« umzusehen, die dort das Amt des Preußischen Konsuls übernehmen könnten, das 1824 vakant geworden war. Da er keine passende Persönlichkeit fand, schlug O'Swald vor, man möge einstweilen dem Engländer Mr. Hollingworth, der wegen seines Charakters geschätzt würde, das Preußische Vice-Konsulat übertragen.

Die Reederei der Seehandlungs-Sozietät von 1824 bis 1854

Das Jahr 1824 brachte für die Sozietät zwei wichtige Ereignisse: Das mit gewichtigen Vollmachten ausgestattete Schiffahrts-Kontor der Seehandlung nahm in Stettin seine Arbeit auf, und der Präsident Rother unternahm den ersten Schritt, um für die Seehandlung wieder eine eigene Flotte von Handelsschiffen aufzubauen. Als erstes Schiff kaufte er das oben erwähnte Vollschiff MENTOR, nachdem es im März 1824 Kanton zur Heimreise nach Swinemünde verlassen hatte. Der Supercargo W. O'Swald hatte das Schiff in Kanton auf Kosten der Seehandlung mit Produkten des Landes beladen, darunter waren 5000 Kisten Tee. Im Ärmelkanal erhielt die heimkehrende MENTOR Order, statt Bremen den Hafen von Swinemünde anzulaufen.

Als die MENTOR am 7. September wegen des Sundzolls vor Helsingör ankerte, überbrachte der preußische Konsul dem Kapitän Harmssen eine preußische Flagge, die sogleich geheißt wurde. Eine Woche später lief die MENTOR unter großer Anteilnahme der Bevölkerung in den neuen Hafen von Swinemünde ein, als erstes Schiff, das direkt von China kam. »Dieses Ereignis gewährte ein herrliches, noch nie in einem preußischen Hafen gesehenes Schauspiel. Eine hohe Freude durchglühte alle patriotischen Herzen beim Anblick dieses Weltumseglers«, schrieb ein begeisterter Augenzeuge.

Eine besondere Attraktion für die Schaulustigen war ein Polynesier, den Kapitän Harmssen und der Supercargo O'Swald von Honolulu mitgebracht hatten. Der Insulaner habe freiwillig die Aufnahme zur Mitreise begehrt, betonte der Kapitän in seinem Bericht an die Direktion. Er wurde Harry genannt und war wohl der erste Sandwich-Insulaner in Preußen. Der zweite, namens Jony, folgte 1829 auf der PRINCESS LOUISE. Angaben über das weitere Schicksal der beiden jungen Einwanderer enthält das Kapitel »Die preußische Seehandlung und die Sandwich-Inseln« unten S. 119ff.

Der Rechnungsrat O'Swald, Vater des Supercargos, war zum

Empfang der MENTOR von Berlin nach Swinemünde gereist; anläßlich des Ereignisses hatte er ein Gedicht gemacht und drucken lassen. Als Titelei stand auf der ersten Seite: »Auf die glückliche Heimkehr des preußischen Schiffes MENTOR, geführt von Kapitän Harmssen und begleitet von Wilhelm O'Swald als Supercargo. – Von dessen Vater Johann Friedrich O'Swald, Swinemünde im September 1824.« Ein in blaue Seide mit Goldschnitt gebundenes Exemplar ließ der Rechnungsrat und fürsorgende Vater dem König Friedrich Wilhelm III. zukommen, der dem Dichter durch Kabinettsschreiben mitteilen ließ, daß er »das Gedicht wegen der betätigten vaterländischen Gesinnung wohlgefällig aufgenommen habe.« Kapitän und Supercargo wurden vom König durch die Verleihung des allgemeinen Ehrenzeichens Erster Klasse ausgezeichnet.

Nach der Begeisterung über die glückliche Ankunft der MENTOR auf der Oder gab es auch Kümmernisse, weil die Ladung aus Kanton in Stettin nur schwer verkäuflich war. Die meisten Sorgen machten die 5000 Kisten Tee, die schließlich unter bedeutenden Kosten nach der Nordsee zurückgeschafft werden mußten. In Hamburg war es kein Problem, eine größere Menge Tee zu verkaufen oder zu versteigern. Die Sozietät kaufte 1825 zwei weitere Schiffe aus zweiter Hand und vergab später auch Neubauaufträge. Die umseitige Aufstellung zeigt alle Schiffe, die von der Seehandlung in den Jahren 1824 bis 1848 erworben wurden. Die Mehrzahl der Schiffe gehörte der Sozietät allein, nur bei einigen wenigen gab es zeitweise Privatreeder als Anteilseigner. An der Bark GEORG FORSTER war die Sozietät nur zu einem Viertel beteiligt.

Da von diesen zehn Schiffen einige nur wenige Jahre der Sozietät gehörten, waren im Zeitraum 1824/50 durchschnittlich nur vier eigene Schiffe in Betrieb. Bei zusätzlichem Bedarf charterte die Seehandlung Kauffahrtei-Schiffe dazu.

Das Vollschiff MENTOR lag nach seiner Rückkehr von China acht Monate in Stettin; denn nach der langen Reise waren allerhand Reparaturen auszuführen. Überhaupt schien das Schiff eine konstitutionelle Schwäche zu haben. Es war bereits 1817 vom Kiel »neu aufgezimmert« worden; die Kapitäne klagten jedoch immer wieder, daß das Schiff trotz häufiger Reparaturen ständig stark

Name	Größe	Bauort und -jahr	
Vollschiff MENTOR	338 Reg.-T.	Vegesack	1808
Vollschiff PRINCESS LOUISE	393 "	Vegesack	1824
Schoner-Brigg CHRISTIAN	118 "	U.S.A.	1822
Brigg KRONPRINZ VON PREUSSEN	232 "	Stettin	1827
Vollschiff FRIEDRICH WILHELM III. KÖNIG VON PREUSSEN	304 "	Swinemünde	1827
Brigg ELISABETH LOUISE	180 "	Swinemünde	1828
Vollschiff DANZIG	690 "	Danzig	1827
Vollschiff PREUSSISCHER ADLER	480 "	Vegesack	1845
Vollschiff MERCUR	495 "	Danzig	1847
Bark GEORG FORSTER	520 "	Danzig	1848

lecke. Die Schiffbauer rieten zu baldigem Verkauf; die Seehandlung schickte das weiche Schiff nicht mehr um »die großen Kaps« der Südhalbkugel, sondern nur noch über den Atlantik. 1831 wurde die MENTOR für 5000 Taler unter ihrem Buchwert verkauft.

Da über Baujahr und -ort der MENTOR unterschiedliche Angaben gedruckt sind, wird hier der Wortlaut des Bielbriefes gebracht, der 1808 vom Bremer Bürgermeister unterschrieben wurde:

Bielbrief

für das Schiff MENTOR genannt Schiffer Hinrich Tecklenborg Wir Bürgermeister und Rath der freyen Hansestadt Bremen urkunden und bezeugen hiermit öffentlich, daß vor uns persönlich erschienen der Schiffszimmerbaas Peter Jantzen, Bürger dieser Stadt und Einwohner Unseres Hafens Vegesack, welcher wegen des nun erbaueten MENTOR genannten von dem hiesigen Seeschiffer und Bürger Hinrich Tecklenborg zuerst zu führenden Barck-Schiffes mittelst körperlicher Eidesleistung deponierte und bekräftigte:

Daß er Comparent wie auch mit Beyhilfe der unter seiner Direction stehenden Schiffszimmerleute obbenanntes Schiff MENTOR, auf seynem bei Unserem Hafen Vegesack am Weserstrome belege-

nen Schiffszimmerwerfte im 1807ten Jahre Monats October, nach folgender Bremer Fußmaaße nämlich: lang im Kiele 92 Fuß, breit zwischen Barckhölzern 28 Fuß, schnurrecht im untern Raum 11 Fuß, schnurrecht zwischen Deck 4 Fuß 8 Zoll und circa Zweyhundert hiesige Rogken Lasten groß, von gutem gesunden Holze neu aufgesetzt, gezimmert, erbauet und am 16ten Juni dieses 1808ten Jahres völlig fertig vom Stapel gelassen habe.

Daß gedachtes Schiff auf Ordre und für Rechnung der hiesigen Kaufleute, Bürger und Einwohner Friedrich & Everhard Delius, Oelrichs & Eitzen, Johann Otto Ohlenrath & Co. und Franz Tecklenborg Senior erbauet worden, und er Deponent seine Bezahlung bereits völlig erhalten habe. Ueber welche geschehene Eidesleistung gegenwärtiger öffentlicher Bielbrief ist ausgefertigt worden.

Urkundlich des praesidierenden Bürgermeisters dieser Stadt eigenhändiger Namens-Unterschrift und beygedrückten Stadt-Insiegels.

Geschehen Bremen d. 12ten July 1808
(Gezeichnet) Dan. Klugkist
praesidierender Bürgermeister

1825 kaufte die Sozietät ihr zweites Vollschiff ebenfalls von dem Bremer Handelshaus F. & E. Delius, zu dem man gute Beziehungen hatte, weil Everhard Delius, der eine der beiden Firmeninhaber, preußischer Konsul in Bremen und gleichzeitig Agent der Seehandlungs-Sozietät war. Das Vollschiff war erst ein Jahr zuvor auf der Werft von Sager in Vegesack bei Bremen erbaut und auf den passenden Namen PRINCESS LOUISE getauft worden. Es war ein stattliches Schiff mit guten Segeleigenschaften, das in jeder Beziehung den Bedürfnissen der Sozietät entsprach. Eine ausführliche Beschreibung des Schiffes findet sich auf den Seiten 38, 39.

Die PRINCESS LOUISE machte für die Sozietät nicht weniger als sechs Weltumseglungen, alle westwärts via Südamerika und über den Stillen Ozean nach China. Über die zweite dieser Weltumseglungen wird im folgenden Abschnitt anhand des Journals ausführlich berichtet. Zwischen ihren Weltumseglungen machte die PRINCESS LOUISE vier Reisen nach Westindien, drei nach

New Orleans und drei nach Rio de Janeiro, bevor das alternde Schiff 1846 in den Besitz des Hamburger Reeders J. Marbs überging, der es 1855 nach Norwegen verkaufte.

Die Schoner-Brigg CHRISTIAN hatte die Sozietät in den Vereinigten Staaten gekauft, weil es sich herumgesprochen hatte, daß die Amerikaner gutsegelnde Schiffe bauen konnten. Man hoffte, daß CHRISTIAN den preußischen Schiffbauern als Lehrmodell dienen würde. 1827 war das kleine Schiff nach Valparaiso bestimmt und kam beim ersten Anlauf nicht um Kap Horn; es lief nach Montevideo zurück. Fünf Wochen später lief CHRISTIAN wieder aus und erreichte Valparaiso in 41 Tagen von Montevideo. 1829 ist die Schoner-Brigg auf einer Reise von La Guayra nach Hamburg verschollen. Weil das Schiff nicht in der Orkanzeit verschwand, gab es Vermutungen, daß es vielleicht Piraten in die Hände gefallen sei. Die Seehandlungsschiffe waren alle gut »bestückt«; in ihren Logbüchern gibt es einige wenige Berichte über Begegnungen mit Schiffen zweifelhaften Charakters. In der Regel drehten solche Schiffe ab, sobald das preußische Schiff seine »Stückpforten« öffnete und seine Kanonen vorführte. Scharfe Schüsse wurden selten abgegeben, aber viele Salutschüsse beim Anlaufen fremder Häfen. Übrigens waren nicht alle Kanonen echt; die meisten Seehandlungsschiffe hatten zusätzlich einige »Quäkers«, das waren hölzerne Attrappen, mit denen der Feind getäuscht werden sollte.

Eine unangenehme Begegnung hatte die MENTOR im Oktober 1823 im Pazifik, als sie von einem Kaperschiff, damals »Privateer« genannt, gestoppt wurde. Die schnellsegelnde Brigg, die die spanische Flagge führte, hatte 16 Kanonen und etwa 100 Mann Besatzung, so daß Kapitän Harmssen den Kampf vermeiden mußte. Mit der Begründung, daß MENTOR unerlaubten Handel in Häfen spanischer Kolonien getrieben hätte, wurde sie von 25 Mann geentert und durchsucht, während ihre Schiffsleitung und halbe Mannschaft auf den Kaper kommen mußten.

MENTOR wurde zur Prise erklärt und sollte die chilenische Insel Chiloe anlaufen. Der Spanier steckte erst zurück, als der Supercargo ihm ein »Passport« der spanischen Gesandtschaft in Berlin zeigen konnte; damit hatten die prisenhungrigen Spanier auf einem Schiff unter bremischer Flagge nicht gerechnet.

In den Jahren 1827/28 hatte die Seehandlungs-Sozietät drei Neubauten auf Werften in Stettin und Swinemünde bauen lassen. Damit war der Bedarf an eigenen Schiffen zunächst gedeckt; mehr Schiffe wollte Präsident Rother nicht haben, zumal seine Rechnungsräte immer wieder feststellten, daß die Seehandlungsschiffe keine finanziellen Gewinne einfuhren, sondern die Reisen wegen der hohen Betriebskosten meistens mit einem Verlust abschlossen. Die Kapitäne rechtfertigten ihre hohen Betriebskosten mit ihren Repräsentationskosten in den fremden Häfen und den langen Liegezeiten, die entstanden, wenn der Verkauf der auf eigene Rechnung beförderten Ladung nur schleppend ging. Außerdem, sagten die Kapitäne, müßten ihre Besatzungen etwas größer sein als auf den Schiffen der Privatreeder, einmal wegen der Bewaffnung der Schiffe, aber auch wegen der langen Dauer der Weltumseglungen, auf denen man mit Ausfällen durch Unfälle oder Krankheiten rechnen müsse.

Und Präsident Rother versuchte seinen Rechnungsräten zu erklären, daß es nicht die Aufgabe der Seehandlungsschiffe sei, Profite zu machen, sondern die gut gebauten und gepflegten Staatsschiffe sollten in Übersee für das preußische Ansehen und die preußische Wirtschaft werben, aber auch als Schrittmacher für die private Reederei in Preußen dienen. Insofern waren die Schiffe zweifellos erfolgreich, auch wenn es gelegentliche Pannen gab, die auf die maritime Unerfahrenheit der preußischen Beamten und die Schwerfälligkeit staatlicher Wirtschaftsunternehmen zurückzuführen waren.

Nachdem man bei der Sozietät gemerkt hatte, daß auch Schiffe, die untätig im Hafen liegen, nicht unbeträchtliche Kosten verursachen, bemühte man sich, die Schiffe möglichst dauernd in Fahrt zu halten. Um das zu erreichen, schloß man gelegentlich auch Fracht- oder Charterverträge, die nicht eigentlich in das Programm der Seehandlung paßten, wie zum Beispiel über die Beförderung von Auswanderern nach Amerika. Im Laufe der Jahre waren Hamburg und Bremen immer häufiger die Basishäfen für die Reisen der Seehandlungsschiffe geworden; Stettin hatte an Bedeutung verloren, so daß man 1833 endlich das Schiffahrtskontor in Stettin schloß und nach Berlin verlegte. Man vermied dadurch nicht nur Kosten, sondern auch einen Wirrwarr der Kompetenzen; denn die Agentur in Hamburg, von W. O'Swald geleitet, hatte sich automatisch zur Informations- und Nachrichtenzentrale entwickelt, die die Verbindung zwischen Berlin und den Schiffen aufrechthielt.

Zu Beginn der 1830er Jahre beschäftigte sich die Direktion der Seehandlungs-Sozietät intensiv mit der Flaggenfrage, über die man sich beim Neubeginn der Reederei 1824 nicht viel Gedanken gemacht hatte. Nach einer langen kriegsschifflosen Zeit hatte Preußen 1817 den bewaffneten Schoner STRALSUND als Küstenwachtschiff in Dienst gestellt, und König Friedrich Wilhelm III. hatte für dieses Schiff eine besondere Flagge gestiftet, die neben dem Adler ein Eisernes Kreuz trug. Zu der Flagge durfte das Küstenwachtschiff noch einen langen Wimpel führen; solche Wimpel waren nach internationalem Brauch ein Zeichen für staatliche Autorität und wurden vornehmlich von Kriegsschiffen geführt. Die Seehandlung hatte 1824 ihren Schiffen die gleiche Flagge gegeben, wie sie das Küstenwachtschiff führte, und dazu auch den Wimpel. Jahrelang waren die Schiffe damit gut gefahren, und überall im Ausland wurden sie mit Respekt behandelt. Erst 1828 gab es Ärger in Hamburg, als das Hamburger Wachtschiff den Kapitän der Brigg CHRISTIAN nach seiner Berechtigung zum Führen des Wimpels fragte. Da er nichts dergleichen vorweisen konnte, mußte er den Wimpel niederholen und die vollen Hafengebühren zahlen, obwohl das Schiff leer war. Ähnlich erging es im nächsten Jahr der Brigg ELISABETH LOUISE mit dem hannöverschen Wachtschiff bei Stade an der Unterelbe, wo das Königreich Hannover einen Zoll von den Schiffen kassierte, die nach Hamburg fuhren.

Die Direktoren der Seehandlung waren konsterniert, erkundigten sich überall nach den Sitten und Gebräuchen und überlegten, ob sie den Status ihrer Schiffe mehr dem der Kriegs- oder dem der Handelsschiffe angleichen sollten. Nach vier Jahren entschieden sie sich für das letztere und machten Seiner Majestät einen entsprechenden Vorschlag, der durch eine Kabinettsorder vom 24. September 1834 im großen und ganzen gebilligt wurde. Danach sollte die Flagge der Seehandlung nur den Adler ohne das Eiserne Kreuz zeigen, und der Wimpel mit einem kleinen Adler und den Buchstaben S. S. sollte von den Seehandlungsschiffen nur südlich der Linie (= Äquator) geführt werden. An Stelle des Wimpels konnten die Schiffe einen schwarz-weißen Stander mit den Buchstaben »S. S.« (= Seehandlungs-Sozietät) setzen. Einfache Handelsschiffe benutzten ab 1823 die neue Landesflagge mit dem Adler und je einem schwarzen Streifen oben und unten (siehe Abbildungen).

Es hatte Vorschläge gegeben, auf den Seehandlungsschiffen eine straffere Disziplin einzuführen als auf den Handelsschiffen, doch die Kapitäne hatten das abgelehnt mit der Begründung, dann brauchten sie mehr Leute. Daraus ist zu schließen, daß die Disziplin der Seehandlungs-Seeleute sich von der auf privaten Kauffahrern nicht allzu sehr unterschied. Der Kapitän zur See Meuß hat beim Studium der Schiffsjournale die Eintragungen über Disziplinverstöße gesammelt und in seinem Buch über das Seehandlungs-Institut abgedruckt. Hier zwei Beispiele, zu denen zu sagen ist, daß derartige Vergehen auch heute noch denkbar sind; aber die Art der Bestrafung hat sich in den vergangenen 150 Jahren erheblich geändert.

Auf dem Vollschiff PRINCESS LOUISE wurde im November 1833 in Kanton der Koch »wegen betriebener Unzucht mit Jungen« entlassen. Vom Schiffsrat wurden ihm – zum Besten der Seefahrerarmen – der Verlust von zwei Monatsheuern zuerkannt sowie 2 Streiche von jedem Mann. »Nachdem er seine Strafe erlitten, mußte er sogleich von Bord«, steht im Journal. Er hatte seit 1830 als Matrose auf dem Schiff gefahren und war nur in Notfällen als Koch eingesetzt worden.

Auf dem PREUSSISCHEN ADLER, der sich auf der Reise von Hamburg nach Batavia befand, schrieb der Kapitän am 29. Mai 1846 ins Journal, ihm sei angezeigt worden, daß der Unterzimmermann »religiöse Bücher, die zum Gebrauch der Leute von den Direktoren an dieselben übergeben, auf schändliche Weise ruiniert habe. Es wurde ihm deshalb die Strafe zudiktiert, 6 Hiebe über die Kanone mit einer Webeleine zu erhalten, welche danach vor Zeugen vom Bootsmann vollzogen wurde.« Meuß schreibt dazu, daß diese Art der Bestrafung nach dem Gesetz zur Aufrechterhaltung der Mannszucht auf den Seeschiffen zu der Zeit nicht mehr zulässig war. Aus dem Journal ist nicht ersichtlich, ob der Kapitän deswegen zur Rechenschaft gezogen wurde.

Im Winter 1836/37 erlitt die Seehandlungs-Sozietät einen tragischen Verlust. In Charter einer Bremer Firma hatte das Vollschiff FRIEDRICH WILHELM III. KÖNIG VON PREUSSEN am 24. Dezember 1836 mit 102 Auswanderern für New Orleans die Weser verlassen und war einige Tage später mit Mann und Maus wahrscheinlich vor dem Eingang zum Ärmelkanal untergegangen. Wrackstücke wurden an der englischen, der französischen und der deutschen Küste angetrieben; man vermutete, daß das Schiff entweder gekentert oder auf einer der vielen Sandbänke im SW-lichen Trichter der Nordsee gestrandet sei.

Auswanderer wurden auch – mit mehr Glück – von dem Seehandlungsschiff DANZIG transportiert, das unter anderem im Sommer 1836 eine Reise mit 263 Passagieren von der Weser nach New York machte und 53 Tage dafür brauchte. Das ungewöhnlich große Vollschiff DANZIG war 1835 von der Seehandlungs-Sozietät angekauft worden.

Nachdem in den 1820er Jahren drei Schiffe für die Sozietät von preußischen Werften gebaut worden waren, vergab die Generaldirektion 1844 einen Bauauftrag an eine nichtpreußische Werft, was einiges Aufsehen und in Preußen auch Unmut hervorrief. Den Auftrag erhielt die Werft von Johann Lange in Bremen-Vegesack durch Vermittlung des angesehenen Kapitäns J. W. Wendt, der bis 1834 die PRINCESS LOUISE geführt hatte; er war seit 1838 mit dem Schiffbaumeister Johann Lange verschwägert. Im Bauvertrag stand der schöne Satz, daß das zu bauende Vollschiff »mit guter Tragfähigkeit einen mäßigen Tiefgang und hinreichende Stabilität vereinigen und vorzüglich die Eigenschaft des Schnellsegelns erlangen solle«, während Länge, Breite und Raumtiefe mit 36,0 × 9,15 × 5,50 m festgelegt waren. Das Unterwasserschiff sollte gekupfert und der Rumpf unter Dach gebaut werden. Nur erstklassiges Material durfte die Werft verwenden, und der Bauaufsicht stand das Recht zu, nicht einwandfreie Hölzer zurückzuweisen. Die Bauleitung lag bei Kapitän Wendt, für die Aufsicht an Ort und Stelle wurde ein Kapitän Sammann für ein Honorar von 40 Talern monatlich verpflichtet. Führer des Schiffes wurde Kapitän F. Schütt.

Nach allem, was im Bauvertrag stand, mußte es ein prächtiges Schiff mit hervorragenden Seeeigenschaften werden. Während des Baues bestimmte die Generaldirektion, daß das Schiff als Galionsfigur einen preußischen Adler erhalten sollte. Er wurde in Berlin gegossen und vergoldet, Größe und Gewicht waren beträchtlich. Beim Stapellauf im Mai 1845 erhielt das Schiff den Namen PREUSSISCHER ADLER, so daß die gewichtige Galionsfigur mit dem vom König genehmigten Namen in Einklang war. Beim Stapellauf wurden hochtrabende Worte zu dem Schiff gesprochen. Nach der Fertigstellung wurde das Vollschiff nach Hamburg überführt, wo es Ladung für Batavia erhielt. Der »Hamburgische Correspondent« widmete dem PREUSSISCHEN ADLER eine lange Lobeshymne. Die Abnahmekommission beanstandete zwar, daß im Oberdeck Planken verlegt worden seien, die nicht astfrei waren, und daß für den breiten Gang kein Pitchpine-Holz verwendet worden sei. Sie verlangte jedoch keine Nachbesserung, sondern äußerte im übrigen große Zufriedenheit über das schöne Schiff.

Am 3. August 1845 verließ der PREUSSISCHE ADLER die Elbe und erreichte Batavia nach 101tägiger Reise, für die Rückfahrt brauchte das Schiff von Hongkong 125 Tage; das waren gute Zeiten für einen Segler jener Epoche. Da sich das Schiff auf der Rundreise gut bewährt hatte, zahlte die Direktion ein Honorar von 1000 Talern an Kapitän Wendt. Das vielgelobte Schiff hatte seinerzeit Anlaß zu einer partikularistischen Zeitungspolemik gegeben, die von der Kölnischen Zeitung eröffnet wurde. Sie druckte Briefe aus Stettin und Bielefeld, in denen gerügt wurde, daß das Schiff nicht auf einer preußischen Werft gebaut worden sei und daß Baumeister und Bauaufseher verschwägert seien. Dann schlug die Bielefelder Zeitung in dieselbe Kerbe und nannte die Werft in Bremen eine »ausländische Werft«. Der Hamburgische Correspondent entgegnete sehr deutlich, daß er die Weser nicht zum Ausland rechne und daß er auch den PREUSSISCHEN ADLER nicht als ausländisches, sondern als deutsches Schiff ansehe. Die Hamburger wurden dann noch deutlicher und schrieben, daß die Preußische Seehandlung wohl durch 25jährige Erfahrung im Schiffbau erkannt habe, daß man »in den Ostseehäfen nicht wohlfeile und zugleich vorzügliche Segler baue ...«.

Vier Jahre nach der Fertigstellung des so hoch gelobten Schiffes entdeckte man, daß das Kielschwein, der wichtigste Längsträger des Rumpfes, auf 30 m Länge von der Trockenfäule befallen war, eine höchst peinliche und kostspielige Angelegenheit; denn das ganze Kielschwein mußte erneuert werden. Es erwies sich als unmöglich, das Schiff vor der Reparatur zu verkaufen, zumal sich durch die schwere Galionsfigur auch die Planken im Vorschiff verzogen hatten.

Ein weiteres Vollschiff von fast 500 Registertonnen ließ die Sozietät 1846/47 bei der Danziger Werft von J. W. Klawitter bauen. Es erhielt den Namen MERCUR und machte zwei große Reisen für die Seehandlung, bevor es 1850 an die im Aufbau befindliche preußische Kriegsmarine verkauft wurde. Es hatte sich auf seinen Reisen als schneller Segler erwiesen, aber auch konstruktive Mängel gezeigt; bei dem schlanken Vorschiff stand der Fockmast zu weit nach vorn, und das Schiff war rank. Es ergaben sich wieder Diskussionen, ob man im Westen Deutschlands bessere Schiffe bauen könne als im Osten. Die Schiffbauer in London, die die neue MERCUR mit einer Kupferhaut versehen hatten, lobten die vorzügliche Qualität des Holzes, das für die Außenhaut des Rumpfes verwendet worden war.

Präsident von Rother, der 1831 geadelt und 1836 zum Staatsminister ernannt worden war, wurde 1848 siebzig Jahre alt. Die revolutionären Ereignisse jenes Jahres hatten ihn seelisch erschüttert; völlig zermürbt zog er sich aus dem Staatsdienst zurück und starb ein Jahr später. Die März-Revolution hatte gezeigt, daß sich die gesellschaftlichen Verhältnisse nicht nur in Preußen, sondern allgemein im Deutschen Bund erheblich geändert hatten und nach Reformen verlangten. Das Streben nach der deutschen Einheit war verbunden mit dem Wunsch nach mehr Liberalität, auch auf dem ökonomischen Sektor. Wirtschaftliche Aktivitäten des Staates waren nicht mehr zeitgemäß, wenn sie mit privaten Unternehmungen im eigenen Lande in Konkurrenz gerieten. Schon 1844 war eine Broschüre erschienen, verfaßt von einem Stadtrat Risch, der die Gewerbe- und Fabrikationsbetriebe des Seehandlungs-Instituts scharf angriff. Die Reederei jedoch blieb in der Broschüre ungeschoren, wahrscheinlich weil sie von 1822 bis 1843 für 4729000 Taler Leinen größtenteils in außereuropäische Länder ausgeführt hatte. Damit hatte sie den Webern in Schlesien und Westfalen sehr geholfen; die preußischen Privatreeder wären dazu in jener Zeit noch nicht in der Lage gewesen.

Die Reformen der Jahre 1848/49 veränderten auch die Stellung der Seehandlung im Staatsgefüge; sie wurde dem Finanzminister und der Aufsicht des Landtages unterstellt und übernahm die Aufgaben einer preußischen Staatsbank, wobei sie jedoch ihren traditionellen Namen behielt. Alle anderen Unternehmungen der Sozietät wurden aufgelöst, also auch die Reederei und das Warenausfuhrgeschäft. Der Verkauf der Schiffe wurde im September 1849 einer Hamburger Maklerfirma übertragen. Da die Konjunktur schwach war, fand man erst 1850 einige Käufer und erzielte nur magere Preise. Das Vollschiff DANZIG kehrte nicht vor Ende 1851 von großer Fahrt zurück und wurde 1852 verkauft. Ein besonderes Problem war der Verkauf des PREUSSISCHEN ADLERS wegen seiner gravierenden Schäden. 1849/50 hatte die Hamburger Firma Wm. O'Swald & Co. einen halben Anteil des Schiffes erworben und bewirtschaftete es als Korrespondentreeder, obgleich es weiterhin die Seehandlungsflagge führte. Erst 1854 kaufte W. O'Swald auch die zweite Hälfte des Schiffes.

Die Firma Wm. O'Swald & Co., die 1850 auch das Seehandlungsschiff ELISABETH LOUISE gekauft hatte, war eine Gründung des bereits erwähnten Wilhelm O'Swald, der als junger Mann Reisen als Supercargo auf den Seehandlungsschiffen MENTOR und PRINCESS LOUISE gemacht hatte. Am 11. Juni 1798 in Berlin geboren, heiratete er 1825, zwischen seinen Seereisen, in Hamburg die Bürgerstochter Adelheid Weigel. 1830 erhielt er die Bürgerrechte der Hansestadt und gründete im folgenden Jahr die Handelsfirma Wm. O'Swald & Co. Es ergab sich, daß er die Interessen der Seehandlungs-Sozietät in Hamburg vertrat und daselbst auch zum Preußischen Konsul ernannt wurde. Das Handelshaus Wm. O'Swald & Co. betätigte sich anfänglich in verschiedenen europäischen und überseeischen Gebieten. Der Firmengründer gewann an Ansehen; er wurde 1843 zum Preußischen Generalkonsul befördert und vertrat außerdem die Königreiche Dänemark und Hannover als Konsul in der Hansestadt. Einen Höhepunkt seiner konsularischen Tätigkeit erlebte Wm. O'Swald im Revolutionsjahr 1848, als er die Flucht des Prinzen Wilhelm organisierte, der nach den Märzunruhen als Mr. Smith über Hamburg nach England reiste. Sein Leben schien bedroht; denn durch seinen Widerstand gegen die Revolutionäre hatte er sich deren Haß und die Bezeichnung »Kartätschenprinz« zugezogen. Er kam jedoch bald zurück und starb erst 40 Jahre später als der allgemein verehrte Kaiser Wilhelm I.

1845 erwarb die Firma O'Swald ihr erstes eigenes Schiff, zu einer Zeit, als sich ihre Interessen mehr und mehr auf Afrika richteten. Sie beteiligte sich dort an dem Geschäft mit den Kaurimuscheln, die von Ostafrika nach Westafrika transportiert werden mußten, und erwarb dafür weitere Schiffe. 1849 wurde auf Zanzibar eine Faktorei errichtet, deren Leitung 1852 von Albrecht Percy O'Swald übernommen wurde, dem ältesten Sohn des Firmengründers. Der zweite Sohn, der 1832 geboren wurde, hieß William Henry O'Swald; er führte die Geschäfte der Firma in Hamburg weiter, nachdem sein Vater Wilhelm O'Swald 1859 in Dockenhuden bei Hamburg im Alter von 61 Jahren gestorben war.

Der Reedereibetrieb erreichte 1864 seinen Höhepunkt mit 18 Segelschiffen. Mit dem Ende des Kaurimuschelgeschäftes in den 1860er Jahren wurde die Flotte reduziert und das Schwergewicht der Handelsgeschäfte nach Ostafrika verlegt, wo 1869 eine weitere Faktorei auf Madagaskar errichtet wurde, während man sich aus dem westafrikanischen Geschäft zurückzog. Nach 1870 wurde die Zahl der Segelschiffe weiter verringert, aber es wurden einige kleinere Dampfer für das eigene Kolonialgeschäft in Dienst gestellt, das sich günstig entwickelte. 1914 besaß die Firma in Deutsch-Ostafrika neun, auf Madagaskar sogar zwölf Niederlassungen.

William Henry O'Swald spielte auch im öffentlichen Leben Hamburgs eine Rolle; er wurde 1869 erstmalig zum Senator ernannt und übernahm nach der Jahrhundertwende für eine Zweijahresperiode das Amt des Zweiten Bürgermeisters der Hansestadt. Das Handelshaus Wm. O'Swald & Co., dessen Gründer Wilhelm O'Swald so eng mit der Seehandlungs-Sozietät verbunden gewesen war, betrieb die Kaufmannsreederei noch bis ins 20. Jahrhundert; es verkaufte seinen letzten Dampfer ZANZIBAR nach Ausbruch des Weltkrieges im Jahre 1915. William Henry O'Swald, der ehemalige Senator und Bürgermeister, überlebte den Ersten Weltkrieg und starb im Mai 1923 im 91. Lebensjahr.

Die Flagge der Seehandlungs-Sozietät war 1852/54 endgültig

von der See und aus den Häfen verschwunden, aber die aus der Sozietät hervorgegangene Staatsbank führte den Namen Seehandlung weiter und behielt ihn auch nach der Gründung des Deutschen Reiches bei, als aus der preußischen Bank ein zentrales Geldinstitut wurde, das sich in ganz Deutschland in allen Bereichen des Bankgeschäftes betätigen konnte. Erst 1904 änderte man die Firmenbezeichnung in »Königliche Seehandlung (Preußische Staatsbank)«, um die eigentliche Funktion der öffentlich-rechtlichen Anstalt sichtbar zu machen. In späteren Jahren, als kein König mehr da war, führte das Geldinstitut den Namen »Preußische Staatsbank (Seehandlung)«; man mochte auf die traditionsbeladene Bezeichnung Seehandlung nicht verzichten. Als Nebentitel hing er der Bank noch an, als sie im Mai 1945 ihre Tätigkeit einstellen mußte. Die Anstalt erhielt den Status einer »ruhenden Altbank«, bis ein Gesetz vom 13. Mai 1983 verfügte, daß das Vermögen der »Preußischen Staatsbank (Seehandlung)« von der Berliner Pfandbrief-Bank im Wege der Gesamtrechtsnachfolge zu übernehmen sei. Die Bezeichnung Seehandlung hat sich mithin mehr als 200 Jahre am Leben erhalten, wenngleich die durch den Namen bezeichneten Aufgaben schon 1852 endeten.

Seehandlungsschiff PRINCESS LOUISE auf großer Fahrt 1830 bis 1832

Der Verlauf der Reise

Von der Elbmündung nach Rio de Janeiro	8. Sept.	– 16. Nov.	1830	69 Tage
Von Rio de Janeiro nach Valparaiso	20. Nov.	– 21. Jan.	1831	62 Tage
Von Valparaiso nach Coquimbo und Copiapo	6. März	– 10. März	1831	4 Tage
Von Copiapo nach Arica	20. März	– 26. März	1831	6 Tage
Von Arica nach Islay (bei Mollendo)	10. April	– 12. April	1831	2 Tage
Von Islay nach Callao	26. April	– 1. Mai	1831	5 Tage
Von Callao nach Honolulu	21. Mai	– 24. Juni	1831	34 Tage
Von Honolulu nach Kanton, Cap-Syng-Mun	2. Juli	– 15. Aug.	1831	44 Tage
Von Cap-Syng-Mun nach Manila	1. Sept.	– 14. Sept.	1831	13 Tage
Von Manila nach Kanton, Lintin-Reede	16. Okt.	– 5. Nov.	1831	20 Tage
Von Lintin-Reede nach Whampoa	11. Nov.	– 14. Nov.	1831	3 Tage
Von Kanton/Whampoa nach St. Helena	12. Dez.	– 14. Febr.	1832	64 Tage
Von St. Helena nach Hamburg	16. Feb.	– 21. April	1832	65 Tage

Das Schiff, sein Kommandeur, Dr. Meyen und die Besatzung

Das Vollschiff PRINCESS LOUISE* gehörte der Königlich Preußischen Seehandlungs-Sozietät, über deren Aufgaben das voranstehende Kapitel berichtet. Die Seehandlung hatte das Schiff 1825 von dem Bremer Handelshaus F. & E. Delius gekauft, nachdem es von einer Reise nach New York zurückgekehrt war. Gebaut worden war das Schiff 1823/24 auf der Sagerschen Werft in Bremen-Vegesack. Seinen adligen Namen erhielt es bereits beim Stapellauf am 23. August 1824; eine zeitgenössische Darstellung erläuterte den Namen wie folgt:

»Das prachtvolle Schiff hat die Ehre, den Hohen Namen PRINCESS LOUISE zu führen, indem es nach Ihrer Königlichen Hoheit, der jüngsten Tochter Seiner Majestät unseres Königs, der vermählten Prinzessin Friedrich der Niederlande getauft ist.«

Der am 20. Oktober 1824 für das fertige Schiff ausgestellte Bielbrief bescheinigte aufgrund der eidesstattlichen Erklärung des Schiffbaumeisters Jürgen Sager, daß das Bark-Schiff PRINCESS LOUISE ungefähr 140 Commerz-Lasten halte und folgende Hauptabmessungen habe, angegeben in Bremer Fußmaß = 28,9 cm:

Länge im Kiel	100 Fuß = 28,90 m
Breite zwischen Berghölzern	29 Fuß = 8,38 m
Raumtiefe zwischen Bauchdielen und niedrigstem Oberdeckbalken	17½ Fuß = 5,06 m

Bei der amtlichen Vermessung in Hamburg im Jahre 1846 ergaben sich folgende Abmessungen: 152 Commerz-Lasten, Länge über Deck zwischen Steven 30,43 m, Breite auf Spanten 7,84 m, Raumtiefe bei der Großluke 5,64 m. Raumgehalt und Tragfähigkeit können in den heute üblichen Maßeinheiten nur geschätzt werden: Der Raumgehalt betrug grob gerechnet zwischen 300

* Der Name begegnet in verschiedenen Schreibweisen. Hier ist durchgängig die Schreibung des Bielbriefs zugrunde gelegt.

und 400 Registertonnen, die Tragfähigkeit zwischen 400 und 500 Tonnen à 1000 kg.

Die gemalten Bilder der PRINCESS LOUISE zeigen ein stolzes Schiff mit hohen Masten, die alle drei fünf Rahen tragen. Die Marssegel waren zu jener Zeit noch ungeteilt; aber man konnte sie zwei- oder dreifach reffen, um bei schweren Stürmen die Segelfläche zu verkleinern. Über den Bramsegeln führte das Schiff Oberbramsegel und darüber, ebenfalls an Rahen befestigt, noch kleine Skysegel. Man hätte diese Segel in späteren Jahren Royalsegel genannt, aber auf der PRINCESS LOUISE war die Bezeichnung nicht üblich.

Über die Abmessungen der Takelage standen mir keine Zahlen oder Zeichnungen zur Verfügung; die vorhandenen Bilder zeigen eine stattliche Segelfläche, die zu den guten seglerischen Leistungen der PRINCESS LOUISE einiges beigetragen hat. Aus den Segelrissen ähnlicher Schiffe jener Zeit kann man grob schätzen, daß die Höhe des Großmastes über der Wasserlinie etwa das Vierfache der Schiffsbreite und die Länge der Großrah etwa das Zweifache der Breite beigetragen haben dürfte, also 34 m und 17 m.

Die Bezeichnung »Bark-Schiff« im Bielbrief weckt Zweifel; denn als Seehandlungsschiff war die PRINCESS LOUISE als Vollschiff getakelt. Vielleicht hat die Seehandlung das Schiff umgetakelt; es kann aber nicht ausgeschlossen werden, daß sich die von dem Schiffbauer Sager gebrauchte Bezeichnung Bark-Schiff nicht auf die Takelung, sondern auf die Rumpfform bezog.*

Im Juni 1825 wurde die PRINCESS LOUISE auf der Weser von der Seehandlung übernommen. Das Schiff sollte eine Erdumseglung unternehmen, wie sie das Vollschiff MENTOR 1822/24 gemacht hatte (s. S. 21). Die PRINCESS sollte für die große Reise in Swinemünde ausgerüstet und beladen werden. Bevor der Obersteuermann J. W. Wendt das Schiff mit 20 Mann Besatzung nach Swinemünde überführte, erhielt es in Bremen einen Kupferbeschlag unter Wasser, um in tropischen Gewässern gegen Bohrwürmer geschützt zu sein.

Zur Ausrüstung des Schiffes gehörte auch eine angemessene Bewaffnung als Schutz gegen Piraten, vor denen man niemals

* Vgl. Hans Szymanski: Deutsche Segelschiffe, 1934, S. 53

sicher war. Es befanden sich insgesamt 11 Kanonen an Bord, und zwar 5 Neunpfünder und 6 Sechspfünder, dazu natürlich eine ausreichende Menge an Munition. Zur Bewaffnung gehörten ferner, für den Kampf Mann gegen Mann, 24 Gewehre mit Bajonett, 60 Pistolen, 8 Donnerbüchsen, 2 Säbel, 30 Sturmlanzen, 30 Pionier-Seitengewehre und schließlich eine Trommel zur Steigerung des Kampfgeistes. Nach einer anderen Quelle waren sogar 12 Kanonen an Bord, 8 englische und 4 schwedische.

Am 12. Oktober lag das Schiff beladen und segelfertig in Swinemünde und ging am nächsten Morgen auf die große Reise. Leider stand der Beginn der ersten Reise unter einem schlechten Stern. Ein schwerer Sturm im Skagerrak zwang Kapitän Harmssen am 23. Oktober, Arendal als Nothafen anzulaufen; die ganze Backbordseite mußte über Wasser neu kalfatert werden. Als die PRINCESS LOUISE am 1. Dezember wieder auslief, geriet sie durch ein falsches Manöver des Lotsen – wie es in dem Bericht hieß – auf eine Klippe. Es gelang jedoch, das schwerbeschädigte Schiff nach Gamle Hellesund und von dort am 13. Dezember nach Christiansand zu bringen. Für die umfangreiche Reparatur mußte die Ladung gelöscht werden. Ende April 1826 war das Schiff wieder seeklar und trat seine große Reise an, von der es erst im August 1829 nach Hamburg zurückkehrte. Ein Jahr später trat die PRINCESS LOUISE ihre zweite Weltumseglung an, die hier ausführlich beschrieben werden soll. Vor dieser zweiten Weltumseglung wurde das Schiff während der langen Liegezeit in Hamburg sehr gründlich und sehr teuer überholt und instandgesetzt. Nach den Archivunterlagen machten die Reparaturrechnungen mehr als 50% des Neuanschaffungspreises aus.

J o h a n n W i l h e l m W e n d t, 1802 in Bremen geboren, wuchs in einem schiffahrtsorientierten Milieu auf. Als 15jähriger »ging er nach See zu« und erwarb sich in wenigen Jahren den Ruf eines tüchtigen Seemannes. Verstand und Charakter befähigten ihn in hervorragender Weise zur Führung von Seehandlungs-Schiffen, von deren Kommandeuren mehr erwartet wurde als von den Schiffern der Kauffahrer. J. W. Wendt hatte die erste Erdumseglung der PRINCESS LOUISE von 1826 bis 1829 als Obersteuermann mitgemacht und war erst 27 Jahre alt, als Präsident Rother ihn 1830 zum Kommandeur des Schiffes für die zweite Erdumseglung ernannte. Nachdem er diese Reise im April 1832 erfolgreich beendet hatte, heiratete er in Hamburg Elisabeth Weigel, die das Los einer Seemannsfrau bald kennenlernte, als ihr Mann fünf Wochen später auf eine Reise nach Westindien ging. Ausnahmsweise durfte sie ihren Mann auf der folgenden Erdumseglung begleiten. Doch die ungewöhnliche Hochzeitsreise führte zu einer Tragödie. Auf dem Stillen Ozean, in stürmischem Wetter nördlich der Karolinen, wurde dem Ehepaar im September 1833 ein Sohn geboren, doch acht Tage später starb die Mutter am Kindbettfieber, gegen das der Schiffsarzt nichts machen konnte. Es war ein schwerer Schicksalsschlag für Kapitän Wendt, ein wenig gemildert nur durch das Überleben des Kindes, das mit der Milch eines Lamas gut gedieh; man hatte das Tier vorsorglich von Callao mitgenommen. Seine tote Frau nahm Kapitän Wendt mit nach Hamburg zur feierlichen Beerdigung; ein in Kanton angefertigter Zinksarg hatte den Transport ermöglicht.

Ein Jahr nach der Beerdigung gab Kapitän Wendt die Seefahrt auf und betätigte sich in Bremen als nautischer Sachverständiger. Daneben machte er sich verdient um den Bau einer elektromagnetischen Telegraphenlinie zwischen Bremen und Bremerhaven, die 1847 ihren Betrieb aufnahm und für Schiffsmeldungen von großem Nutzen war. 1838 hatte J. W. Wendt ein zweites Mal geheiratet, und zwar die Tochter Anna des Schiffbaumeisters Johann Lange in Bremen-Vegesack. Aber das Schicksal meinte es nicht gut mit Kapitän Wendt; völlig unerwartet und viel zu früh starb er 1847 an einer Hirnhautentzündung. Um sein Andenken zu ehren, trug noch zu Beginn unseres Jahrhunderts ein Vollschiff der Bremer Reederei Siedenburg, Wendt & Co. den Namen J. W. WENDT; es war auf der Werft von Joh. Lange in Vegesack 1890 aus Stahl gebaut worden. An der Reederei war der 1841 gestorbene Vater des Kapitäns J. W. Wendt einst Teilhaber gewesen.

Dr. Franz Julius Ferdinand Meyen machte die zweite Erdumseglung des Schiffes als Arzt und Naturforscher mit. Sein Hauptinteresse galt der Botanik, er war jedoch ein vielseitig interessierter Mann, den alles beeindruckte, was er auf dieser »Weltreise« auf See und an Land zu sehen bekam. Er schrieb einen umfangreichen Reisebericht, der unter dem Titel »Reise um die

Erde, ausgeführt auf dem Kgl. Preußischen Seehandlungsschiff PRINCESS LOUISE« in Berlin im Jahre 1834 erschienen und in manchen Teilen noch heute lesenswert ist. Im Vorwort dieses Buches schrieb Dr. Meyen u. a., daß er das Glück hatte, die dritte Handelsexpedition mitzumachen, die unter der Königlich Preußischen Flagge um die Erde segelte. Er bedankt sich für die »Hohe Gnade Seiner Majestät des Königs«, die ihm zuteil wurde, und dankt auch für die »thätige Hülfe meines verehrten Freundes, des Herrn Capitän Wendt«.

An Bord hatte Dr. Meyen Kost und Logis in der Kajüte und erhielt eine Pauschale von 300 Spanischen Talern für alle ärztlichen Dienstleistungen; sie hatten Vorrang vor seinen Forschungsarbeiten.

Dr. Meyen war am 28. Juni 1804 in Tilsit geboren und absolvierte nach der Schule eine Apothekerlehre in Memel. 1821 kam er nach Berlin, machte das Abitur und studierte anschließend Medizin und Botanik. Durch sein reges Interesse auf naturwissenschaftlichem Gebiet war er Alexander von Humboldt aufgefallen, und der hatte ihn an höchster Stelle für die Teilnahme an einer großen Schiffsreise vorgeschlagen. Er nutzte die Schiffsreise auch für größere Landausflüge und sammelte insgesamt 1349 Pflanzenarten, von denen 352 bis dahin noch unbekannt waren. Zwei Jahre nach der Rückkehr von seiner großen Reise wurde er zum außerordentlichen Professor an der philosophischen Fakultät der Berliner Universität ernannt. Er starb 1840 im Alter von nur 36 Jahren.

Die Besatzung wurde am 21. August 1830 vor dem Hamburgischen Wasserschout angemustert; das Protokoll enthielt folgende Angaben:

Capitän J. W. Wendt, Führer des Schiffes PRINCESS LOUISE, ist gedestiniert nach Valparaiso, Arica und von da zu allen Zeiten weiter so, wie die Ordres und Frachten fallen.

Bei Abfahrt von Hamburg betrug die Besatzungsstärke einschließlich des Kapitäns 31 Mann, das waren 9 Mann mehr als auf der vorhergehenden Reise. Kapitän Wendt hatte auf eine Verstärkung gedrängt, weil bei einer Reise, die weit über ein Jahr dauern würde, mit Ausfällen durch Krankheiten und Unfälle gerechnet werden mußte.

Mannschaftsliste

Dienstgrad	Name	von	Monatsheuer Reichsthaler
1. Steuerm.	Friedr. Woller	Stettin	20,–
2. Steuerm.	Lüder Mensing	Stettin	15,–
3. Steuerm.	Carl Möller	Stettin	14,–
Bootsmann	Herm. Holzerland	Wismar	15,–
Btsm.-Maat	Friedr. Peters	Preusmünden	8,–
Koch	Hinr. Meyerhoff	Uthlede (Unterweser)	13,–
Koch	Chr. Garres	Tangermünde	8,–
Zimmerm.	Hinrich Offt	Neumühlen (Altona)	15,–
Cadett	Huldebert Birr	Stolp	6,–
Cadett	Friedr. Lehmann	Löwenhagen (Ostpr.)	6,–
Cadett	Benno Jacobi	Düsseldorf	6,–
Matrose	Carl Ahrens	Stralsund	8,–
Matrose	Jean Wendelborg	Stralsund	8,–
Matrose	August Conrad	Neuwarp (Stett. Haff)	8,–
Matrose	Friedr. Schulte	Swinemünde	8,–
Matrose	Friedr. Jahncke	Cammin	8,–
Matrose	J. Friedr. Witte	Altwarp (Stett. Haff)	8,–
Matrose	C. Friedr. Hintze	Altwarp (Stett. Haff)	8,–
Matrose	W. Bernh. Nolthing	Wollin	8,–
Jungmann	Georg Wendt	Stettin	6.–
Jungmann	Albert Bagmihl	Stettin	6.–
Jungmann	Friedr. Schultz	Swinemünde	6.–
Jungmann	Peter Lehrknecht	Bremen	5.–
Jungmann	C. W. Siebenschuh	Glogau	5.–
Jungmann	Friedr. Krüger	Stettin	5,–
Steward	Pedro Wendt	Bremen	7,–
Junge	Philip Emonsen	Berlin	4,–
Junge	H. J. C. Peters	Grosbergen	4,–
Junge	C. H. Piebes	Jever	4,–
Zimmerm.	H. Henckel	Bremen	16,–

Über die Bezahlung Kapitän Wendts auf seiner ersten Reise als Kommandeur liegen keine Angaben vor; einen Anhalt geben jedoch die Abmachungen, die mit Kapitän Harmssen für die vorhergehende Weltumseglung der PRINCESS LOUISE getroffen worden waren. Er erhielt monatlich eine Gage von 30 Reichsthalern, dazu kamen 5 % der Bruttofracht als sogenanntes Kaplaken und 5 Last des Laderaums zu seiner eigenen Verfügung oder Vergütung dafür nach der jeweiligen Frachtrate.

Die drei Cadetten Birr, Lehmann und Jacobi waren Eleven der Danziger Navigationsschule. Das Ministerium des Innern hatte – im Einvernehmen mit Präsident Rother – vorgeschlagen, daß die Eleven der preußischen Navigationsschulen auf den Seehandlungsschiffen ihre praktische Ausbildung erhalten sollten. Sie kamen zumeist aus bürgerlichen Familien; Huldebert Birr zum Beispiel war ein Kapitänssohn, Benno Jacobis Vater war ein Geheimer Regierungsrat. Friedrich Lehmann konnte schön schreiben und erhielt die Aufgabe, die Zweitschrift des Schiffsjournals zu fertigen. Die Cadetten erhielten zwar nur die Heuer der Jungmänner, waren aber in der hierarchischen Ordnung des Schiffes den Matrosen gleichgestellt, so daß die Matrosen ihnen nichts zu sagen hatten, und umgekehrt auch nicht.

Der Reisebeginn im August/September 1830

Im Schiffsjournal begannen am 7. August die Eintragungen, die hier auszugsweise und zum Teil wörtlich wiedergegeben werden:

7. 8. 1830 [Sonnabend]: »Nachmittags kam Friedrich Lehmann an Bord« [Cadett]. Das Schiff war beinah völlig zugetakelt, und der größte Teil der Ladung eingenommen.

9. 8. Bekamen Ladung an Bord.

10.8. »Bekamen etwas Ladung. Der H. Präsident Rother an Bord.«

12.8. Das königliche Schiff FRIEDRICH WILHELM III., Capt. Schoof, lief von New Orleans kommend im Hafen ein.

16.8. Ein Theil der Mannschaft nahm Ladung, ein anderer Theil derselben nahm die Reservesegel an Bord und arbeitete in der Takelage.

20.8. Schlugen Segel unter. Bekamen Ladung.

21.8. Regen. »Musterung der gesamten Equipage.«
[Die Besatzung war 1 + 30 Mann stark, vgl. Liste S. 43

25.8. Löschten in ein Leichterfahrzeug, um uns für den Sand bei Schulau flott zu machen.

27.8. Schlugen die Oberbramsegel unter.

28.8. Anstalten, das Schiff aus dem Hafen zu holen, werden belegt, als der Ostwind nach SW sprang, mit starken Bügen (Böen).

30.8. »Holten das Schiff aus dem Hafen, um fertig zum Treiben zu sein.«

31.8. »Leinen los um 1^h N., wir warpten uns von allen mittreibenden Schiffen frei. Um 3^h setzten wir das Groß-Marssegel und trieben bis Neumühlen, wo wir um 6^h abends ankerten.« Wind WSW, mäßig.

1.9. »Lebhafter W und WSW. Um 3^h Morgens lichteten wir Anker und trieben mit dem Groß-Marssegel bis Nienstedten, wo wir gegen 7^h ankerten. ...Bekamen Schweine und Federvieh an Bord. Abends viel Regen.«

2.9. Westwindwetter mit Regen. Es wurde Proviant und Federvieh an Bord geliefert.

3.9. »Des Morgens um 2^h mit SSW-Wind unter Segel, um mit Hochwasser über den Sand bei Schulau zu kommen. Bei Wittenbergen kam der Wind jedoch wieder aus WSW, das Wasser war auch bereits sehr weggefallen, und mußten deshalb um 6^h Morgens wieder ankern. Nachmittags regnete es sehr viel.«

5.9. Veränderliches Wetter, abnehmender Wind, abends fast ganz still. »Wir warpten gegen die Flut über den

Sand bei Schulau, und bugsierten das Schiff bis Sumfleth, wo wir um 8½^{h} abends ankerten.«

6.9. Regnerisch. »Wir nahmen aus unserem Leichterfahrzeug die Ladung über.«

7.9. Wind S und SSO, es regnete fast unaufhörlich. »Abends kamen der Capitain und die Passagiere an Bord.«

Während die PRINCESS LOUISE im Hamburger Hafen beladen und für die große Reise vorbereitet wurde, reiste Dr. Meyen von Berlin nach Hamburg, wo er noch einige Wochen Zeit hatte, sich die Stadt anzusehen. Seine Beobachtungen hat er in seinem vorerwähnten Buch festgehalten, aus dem hier ein – teils wörtlicher – Auszug wiedergegeben wird:

Dr. Meyen verließ Berlin mit der Schnellpostkutsche am 28. Juli 1830 um 21^{h}. Er lobte die neue Chaussee durch das Havelland und schrieb sehr abfällig über den schlechten Zustand der Wege im dänischen Hoheitsgebiet. Trotz langsamer Fahrt fiel der »Schnellwagen in der Nähe von Lauenburg um, wobei mehrere Passagiere schwer beschädigt wurden.«

Hamburg war voller Leben; 1830 hatte es 104000 Einwohner, davon 10000 Juden. »Der Thurm der Michaelis-Kirche ist seiner Höhe wegen bekannt, kann aber keinen Anspruch auf Schönheit machen.«

Zur Zeit der Ebbe, bei niedrigem Wasserstand, »werden diese Fleeten fast bloßgelegt, und verpesten alsdann die Stadt mit entsetzlichem Gestank. Man sieht dann eine Menge von armen Menschen in dem Schlamm der Fleeten umherwandeln und die verlorenen, oder sonstig fortgeworfenen Sachen aufsuchen, was einen sehr widrigen Eindruck auf den Fremden macht.« [Über die Alster berichtete Dr. Meyen hingegen sehr begeistert.]

»Hamburg besitzt zwei gelehrte Schulen, das Johanneum und ein Gymnasium. ... Die Navigationsschule steht auf dem Walle, und ist mit einer Art von Sternwarte versehen. ... Nicht in Hamburg allein, sondern in allen See- und Handelsstädten von Bedeutung herrscht ein Hang zum Wohlleben. ... Repsold's Name belebt zu Recht eines jeden Hamburger's Brust.« Er war allgemein geschätzt und geliebt, als Künstler und als Ober-Spritzenmeister. Er fand in seinem Beruf den Tod; bei einem großen Brand stürzte eine Mauer ein, der er zu nahe gekommen war, »man sagt, er sei über seinen Degen gestolpert.«

Die Handlung von Campbell & Comp., London und Hamburg, wurde gerühmt wegen des großen Angebots an nautischen Instrumenten, Zeitschriften und Seekarten. Dr. Meyen erfuhr, daß die deutschen Kapitäne nur englische Instrumente kauften, obgleich es schon gleichwertige deutsche Instrumente gab, die wohlfeiler waren. »Hamburg als Handelsstaat ist gegenwärtig... der erste Platz nach London«, obgleich in Hamburg 1831 nur 135 Schiffe beheimatet waren. Dr. Meyen erkannte an dieser geringen Zahl eigener Schiffe die Klugheit der Hamburger Kaufleute, die eingesehen hatten, daß Kaufmannschaft und Reederei zwei ganz verschiedene Unternehmungen sind und daß ein Kaufmann mit eigenen Schiffen teurer fährt als mit gecharterten Schiffen.

Dr. Meyens Aufenthalt in Hamburg dauerte länger als erwartet, weil sich zunächst die Beladung der PRINCESS LOUISE verzögerte, dann aber der Wind beständig aus Westen wehte.

»Endlich drehte sich der Wind, und hielt einige Zeit aus Osten aus. ... Am 7. September nachmittags 3½^{h} verließen wir das feste Land und schifften uns, begleitet von allen Passagieren, auf einem kleinen Elbfahrer ein, um uns an Bord der PRINCESS LOUISE zu begeben.« Es wurde dunkel, aber die Leuchtfeuer des Schiffs und einige Raketen zeigten an, wo das Schiff zu Anker lag. »Schiffe, die über 14 Fuß tief gehen, können nicht bei Hamburg die volle Ladung einnehmen«, wegen der Sände bei Blankenese, wo der Wasserstand bei Springtiden um 7 Fuß schwankte. Vielleicht sahen die Dänen diese Hindernisse sehr gern. »Sowie ein Schiff auf dem Sand festkommt, umkreisen es die Blankeneser mit ihren Leichterfahrzeugen, noch ehe es sich ergiebt.«

Das Schiffsjournal enthält über die Fahrt elbabwärts und weiter bis Helgoland folgende Eintragungen:

8.9. [Mittwoch]: SSO-Wind, Regen »Morgens um 2^{h} lichten wir Anker.« Die Fluth lief uns entgegen. Um 8^{h} segelten wir bei Glückstadt vorüber. Um 2^{h} ankerten wir bei Altenbruch. Bei einem Gewitter mit Sturm und heftigem Regen lichteten wir Anker und gingen in See, 4^h nachmittags.

Um 7^h abends ging der Lotse J. Meyer beim 1. Feuerschiff von Bord. $7\frac{3}{4}^h$ peilte das 2. Feuerschiff SW ½ S, Wind NO-lich. 11^h abends Helgoland in Nord, 6 sm ab.

9.9. $8\frac{1}{2}^h$ vormittags Helgoland aus Sicht, Wind SSW-lich.

Bei der Navigation wurden die Tage damals »astronomisch« gezählt, das heißt von Mittag bis Mittag, so daß der Kalendertag, der um Mitternacht begonnen hatte, im Schiffsjournal erst zu Mittag anfing. Die täglich zurückgelegte Distanz wird von Mittag zu Mittag berechnet und als »Etmal« bezeichnet.

Dr. Meyen machte zur Fahrt elbabwärts und in See folgende Angaben:

Stade am hannöverschen Elbufer war berüchtigt wegen des hohen Zolles, der von allen Waren auf einlaufenden Schiffen erhoben wurde. Als Wachtschiff lag dort eine Kriegsbrigg mit 6 Kanonen, die strenge auf alle Förmlichkeiten achtete. Kein Kauffahrer durfte dort einen Wimpel wie die Kriegsschiffe führen. Mittags bei Cuxhaven zu Anker, weil der Wind zu flau war, um gegen den Flutstrom zu segeln.

Das Trinkwasser in den Fässern wimmelte schon von Krabben und Gewürm aller Art, obgleich es erst vor drei Tagen eingenommen worden war. Die Capitäne pflegten das Wasser unterhalb der Sände bei Schulau aus der Elbe zu nehmen, und zwar bei Niedrigwasser, wenn es am schmutzigsten war. »Es hält schwer, die Seeleute von ihren Vorurtheilen zurückzubringen, und gewiß halten sich nirgends einmal eingerostete Gebräuche länger als bei ihnen. Von allen den vielen Vorschlägen, die zur Aufbewahrung des Wassers und zu dessen Reinigung, im Falle der Noth, anempfohlen worden sind, nehmen sie keine Notiz, . . . Die Aufbewahrung des Wassers in eisernen Kästen ist in der englischen Marine schon seit langer Zeit im Gebrauch, und hat sich als die vortheilhafteste Art erprobt; wahrscheinlich giebt es aber gegenwärtig auch noch nicht ein einziges Schiff in der ganzen Deutschen Handelsflotte, auf dem eiserne Wasserkasten vorhanden sind.«

Abends kam Wind durch, das Schiff ging in See. Zwei Feuerschiffe lagen im Fahrwasser, eines bei Vogelsand, das andere weiter draußen. Das äußere gab den einlaufenden Schiffen den Lotsen, das innere nahm die Lotsen der auslaufenden Schiffe auf. Die Fahrwassertonnen waren kegelförmig und gewöhnlich 15–17 Fuß hoch; sie kosteten sehr viel Geld. Auf einer Seite des Fahrwassers waren sie weiß, auf der anderen schwarz. Dr. Meyen wurde seekrank, bevor das äußere Feuerschiff in Sicht kam.

In der Nordsee und im Ärmelkanal wurden die PRINCESS LOUISE und ihr junger Kapitän durch stürmische Gegenwinde ernstlich auf die Probe gestellt, und die Mannschaft mußte sich lebhaft tummeln. In der Deutschen Bucht kam das Schiff mit südlichem Wind noch ganz gut voran. Am 11.9. drehte der Wind auf SW und nahm an Stärke zu; das Schiffsjournal enthält folgende Angaben:

11.9. Frischer Wind aus dem SW-Quadranten. Nachmittags »Bobenbramsegel fest!«, bald darauf wurden auch das Vor- und Kreuzbramsegel sowie der Außenklüver festgemacht. Auf der Abendwache wurden Groß- und Vor-Bramsegel wieder gesetzt, aber noch auf derselben Wache wieder festgemacht, danach 1 Reff ins Groß-Marssegel. Mit Tagwerden Vor- und Groß-Bramsegel gesetzt. Mittags, als der 11.9. [im Journal] begann, stand das Schiff auf 53° 07′ N, 3° 28′ O.

12.9. Weiter starker SW-licher Wind; abends wurde auf SO-Kurs gewendet, morgens gehalst auf Westkurs, Wind SSW. Es wurden Segel gekürzt, 2 Reffs in alle Marssegel. Vormittags wurden Vor- und Kreuz-Oberbramstengen heruntergegeben und der Butenklüverbaum eingeholt. Kein Vorankommen in den letzten 24 Stunden.

13.9. Es wehte hart aus Süden, am nächsten Vormittag war es windstill. In Erwartung von stürmischem Wind aus unbekannter Richtung führte das Schiff gereffte Fock und gerefftes Groß-Gaffelsegel, später auch Besan gerefft. – In den folgenden Tagen blieb das Wetter schlecht, harte SW-liche Winde, viel Regen und schlechte Sicht.

16.9. Schiff kreuzte in der Nähe von Galloper, es wurde das

3. Reff in die Marssegel gebunden und das Schiff beigedreht.

17.9. North-Foreland kam in Sicht, am 18.9. kreuzte PRINCESS LOUISE zwischen Dover und Calais. Bei andauernden Gegenwinden arbeitete man sich in drei Tagen bis Beachy Head voran. Am 24.9. befand sich das Schiff immer noch in der Nähe von Beachy Head.

25.9. Schwerer Sturm zwang Kapitän Wendt zur Umkehr, mit Hilfe eines Lotsen fand er NO-lich von Dover in den Downs einen geschützten Ankerplatz.

26.9. [Sonntag]: Der Wind ließ nach und drehte auf Nord. PRINCESS LOUISE verließ den Ankerplatz um 10^h; die Bramrahen wurden wieder aufgebracht. – Am 28.9. stand das Schiff erneut bei Beachy Head. An den nächsten beiden Tagen brachte die Mannschaft die Oberbramstengen und -rahen wieder auf.

1.10. Um Mitternacht wurde das Leuchtfeuer von Lizard in Nord gepeilt; nach 23 Tagen von der Elbe hatte PRINCESS LOUISE den Atlantischen Ozean erreicht. Der Wind wehte immer noch aus westlicher Richtung. – Am 4.10. drehte der Wind endlich nach Norden; es wurden die Ober-, Unter- und Bram-Leesegel gesetzt, und zwar an der Luvseite, wie allgemein üblich.

Dr. Meyen hat die Durchseglung von Nordsee und Kanal folgendermaßen beschrieben: »Wir hatten das Schicksal, neun Tage lang in der Nordsee kreuzen zu müssen, während man, mit gutem Winde, in 36 Stunden von Cuxhaven bis in die Einfahrt zum Canal von Calais kommen kann. ... Die Schiffahrt auf der Nordsee gehört zu der schwierigsten, die bekannt ist, und jährlich gehen hier eine Menge von Schiffen verloren.« Zur Ortsbestimmung wurde häufig das Lot benutzt, das nicht nur die Tiefe maß, sondern auch Bodenproben lieferte.

17.9. PRINCESS LOUISE segelte in den Kanal, und wohl zwanzig Mal hin und her zwischen Dover und Calais. Am nächsten Abend wurde ein Lotse genommen, der das Schiff »um die Ecke von Dungeness brachte.« Mehrere schwere Stürme wurden bis zum 25.9. abgewettert.

»Der ungeheuren Kosten wegen, die das Einlaufen fremder Schiffe in die Häfen von England verursacht, wollte der Capitän sich nicht entschließen, umzudrehen und irgendwo einzulaufen, bis der Wind sich geändert hätte, und somit haben wir, unter den schrecklichsten Anstrengungen der Mannschaft, bis zum 25. September die hohe See gehalten.«

25.9. An diesem Tag Rückzug nach den Downs, mit achterlichem Sturm bei klarer Luft, so daß dicht an der englischen Küste entlang gesegelt werden konnte. Auf der Reede der Downs wurde vor dem Ort Deal mittags um 1^h geankert. »Ein Wald von Schiffen umgab uns, die sich schon seit vier Wochen hier gesammelt und gegen den Westwind Schutz suchten.«

»Jedes fremde Schiff, das durch den Kanal geht, ohne zu ankern, genießt die Vortheile der Leuchtfeuer unentgeltlich, doch läuft es irgendwo ein, so zahlt es die Abgabe für sämmtliche Leuchtfeuer, und diese beträgt gegenwärtig, nach sehr herabgesetztem Preise, noch 14 Pfund Sterling; dafür ist es von dieser Abgabe auf 14 Monate befreit, es mag einlaufen, so oft es will.«

26.9. Morgens hatte der Wind einen Schlag von Norden, mehr als 200 Schiffe gingen unter Segel und füllten die Straße von Dover, wo es wieder ans Kreuzen ging. Princess Louise überholte ein Schiff nach dem anderen; sie zeigte sich auf der ganzen Reise als einer der besten Segler. Der erste schöne Tag an Bord. Im Ärmelkanal bestand eine große Kollisionsgefahr infolge der Menge von Schiffen, die sich dort oft kreuzend vorwärts arbeiten mußten. Nachts konnten die Schiffe einander oft nicht rechtzeitig sehen, weil sie keine Lichter aufziehen durften, um andere Schiffe zu warnen. Die Begründung für diesen Irrsinn: »Es würden sonst fremde Schiffe durch diese Feuer irre geleitet werden, indem sie, dieselben als die Feuer der Leuchtthürme anerkennend, die Richtung ihres Schiffes darnach verändern, und so ins Unglück gehen könnten. Man pflegt daher in sehr stürmisch dunklen Nächten durch Blasen, auf sehr großen Waldhörnern, die Gegenwart zu erkennen zu geben.« – Beeindruckt wurde Dr. Meyen durch das imposante Bauwerk des Eddystone-Leuchtturms, der auf einer Klippe vor der Einfahrt nach Plymouth steht.

Die Fahrt vom Ärmelkanal bis Rio de Janeiro

Als erstes Reiseziel der PRINCESS LOUISE war Valparaiso in Chile vorgesehen; aber der schlechte Zustand des Trinkwassers zwang Kapitän Wendt, Rio de Janeiro als Nothafen anzulaufen, um frisches Trinkwasser einzunehmen.

Aus dem Schiffsjournal sind die folgenden Angaben entnommen, aus denen zu erkennen ist, daß die Navigation mit großer Sorgfalt betrieben und beim Segeln nichts verschenkt wurde:

5.10. Bei Winden aus dem NO-Quadranten erreichte das Schiff ein Etmal von 159 sm, als Schiffsort am Mittag wurde 46° 30′ N, 11° 08′ W angegeben. Man brachte den Außenklüverbaum wieder aus und setzte den Außenklüver.

6.10. Mit dem anhaltenden östlichen Wind steigerte das Schiff sein Etmal auf 185 sm; maximal wurden 9,6 Knoten geloggt. Die Logleine wurde nachgemessen, für das 14-Sekunden-Logglas sollte der Abstand der Knoten 23′8″ betragen. Man stellte fest, daß die Leine für 10 Knotenlängen um 1½ Fuß zu kurz war. Auf der Fockrah brach eine Leesegelspiere und wurde erneuert. »Begegneten zwei Galeassen und einer Brigg, beim Winde segelnd.«

7.10. Weiterhin gute Fahrt mit OSO-Wind, Etmal 188 sm.

Vom Kanal bis Rio de Janeiro brauchte PRINCESS LOUISE 46 Tage, ein Ergebnis, das dem Mittelwert der Großsegler um 1900 entsprach. Ungewöhnliche Ereignisse sind für diesen Reiseabschnitt nicht verzeichnet. Zur Kontrolle der beiden Chronometer wurden mehrfach »Monddistanzen« gemessen, das sind Abstände in Winkelmaß zwischen hellen Sternen und dem Mond. Die Auswertung erfordert eine komplizierte Rechnung.

Der NO-Passat war ziemlich schwach, die Etmale blieben allesamt unter 200 sm. Verhältnismäßig oft sichtete man andere Schiffe; mit einem britischen Segler namens RECOVERY wurden Signale gewechselt. In der Äquatorzone war ein holländischer Mitsegler sieben Tage lang in Sicht. Die Leesegel wurden viel benutzt; in der Regel an der Luvseite, wie auch auf anderen Schiffen, so daß die Bezeichnung »Leesegel« irreführend ist. Gelegentlich wird im Journal das Setzen des Groß-Skysegels erwähnt. Aus dem Journal geht auch hervor, daß PRINCESS LOUISE nicht nur ein Gaffelsegel als Besan führte, sondern auch am Groß- und Fockmast Gaffelsegel setzen konnte.

8.10. Auf 39° Nordbreite wurde eine versiegelte Flasche zur Erforschung der großräumigen Meeresströmungen über Bord geworfen, die einen Zettel mit Orts- und Zeitangabe enthielt. Der Finder der Flasche wurde auf dem Zettel gebeten, den Fund in einer Zeitung zu veröffentlichen. [Dr. Meyen hat über solche »Flaschenposten« noch mehr geschrieben, s. S. 54.]

29.10. Auf 7° Nordbreite brach bei böigem Wetter der Außenklüverbaum und wurde fünf Tage später durch einen neuen ersetzt.

4.11. Nachmittags: »Passierten den Äquator mit den gewöhnlichen Zeremonien.« Es herrschte zu der Zeit bereits ein lebhafter Passat aus SSO.

Aus Dr. Meyens Buch sind über die Fahrt vom Kanal bis zur Linie folgende Angaben von Interesse:

Der Naturforscher setzte die wissenschaftlichen Beobachtungen, die er bereits in der Nordsee begonnen hatte, auf dem Atlantik in verstärktem Maße fort. Mit Temperaturmessungen der Luft und des Wassers hatte er begonnen; ein Aspirations-Psychrometer ermöglichte ihm auch Messungen der Luftfeuchtigkeit. Während sich die Mannschaft aus dem Harpunieren der

Schweinsfische ein Vergnügen machte, versuchte der Wissenschaftler, ihre Geschwindigkeit zu messen, und kam zu Ergebnissen von 8–10 Deutschen Meilen pro Stunde. [Unter der Voraussetzung, daß die Deutsche Meile schon damals gleich 4 sm war, hätten die Schweinsfische demnach 30–40 Knoten erreicht, aber wohl nur auf kurzen Strecken und nicht als Marschgeschwindigkeit. Wörtlich schrieb Dr. Meyen in seinem Buch:] »Wir haben an sehr verschiedenen Punkten im Atlantischen Ozean Kruken über Bord geworfen, in die wir vorher ein Schreiben gesteckt, worin der Tag und Ort der Absendung in den vorzüglichsten lebenden Sprachen bemerkt worden waren, und zugleich die Bitte hinzugefügt, daß Jedermann, dem eine solche Kruke zu Gesicht kommen möchte, es durch die Zeitungen bekannt machen solle.« Zwischen 39° N und der Linie wurden etwa 20 solcher Kruken über Bord geworfen, aber bis April 1834 hatte Dr. Meyen noch keine Kunde von einer gefundenen Kruke erhalten.

Der 5. 10. war der erste Tag, an dem das Schiff mit gutem Winde segelte. »Es herrscht, auf dem ganzen Schiffe, allgemeine Fröhlichkeit und Thätigkeit. Wir haben, im Laufe der Reise, recht oft Gelegenheit, die Lebensart und den Charakter der Seeleute kennen zu lernen. Finster und mürrisch gehen sie stillschweigend aneinander vorüber, wenn der Wind schlecht ist, und unter den gräßlichsten Flüchen und Verwünschungen entladen sie ihren Unmuth. Bei Windstillen sind sie ohne Leben und ohne Muth, und möchten sterben vor Langeweile, aber sobald eine Brise zu wehen beginnt, erwacht in ihnen ein neues Leben, das an Kraft und Muth in demselben Verhältnis sich verstärkt, wie der Wind zunimmt. Werden bei lange anhaltenden Stürmen die Matrosen muthlos, so ist es ein Zeichen ihrer Ermüdung durch Überreizung. Fluchen und Donnern ist bei ihnen Sache der Gewohnheit, und erleichtert ihnen das schreckliche Handwerk, das sie betreiben.«

»In der Nacht zum 11. 10. kamen wir über die Breite von Hamands Rock. Es liegt dieser zweifelhafte Felsen nach Englischen Seekarten in 36° 52′ N, 19° 15′ W, während er bei Norie (Epitome of Practical Navigation) und in dem zu Hamburg erschienenen Handbuch der Schiffahrtskunde in 36° 45′ Breite und 23° 10′ W gesetzt ist. Wir fuhren mitten durch die Länge dieser zwei Angaben, und haben, bei dem schönsten Mondenschein, nichts von diesem Felsen bemerken können.» [In den heutigen Seekarten ist der Felsen nicht mehr dargestellt.]

»Das neue System der Schiffahrt lehrt, westlich die Inseln des Grünen Vorgebirges zu umfahren, während man früher zwischen diesen und der afrikanischen Küste hinsegelte, wobei der Weg sehr abgekürzt wurde.« [Wer die Inseln des Grünen Vorgebirges nicht kennt, sollte an die Kapverdischen Inseln denken.]

Bei der Beschreibung der Fahrt im NO-Passat kam Dr. Meyen auch auf die Kalamität mit dem Trinkwasser zu sprechen, nachdem Kapitän Wendt gezwungen war, den Wasserverbrauch pro Mann und Tag auf zwei Flaschen zu reduzieren: Mit diesem Quantum »mußten Caffee, Thee und überhaupt Essen und Trinken bestritten werden. Das Uebelste dabei aber war der Umstand, daß das ganze Wasser schon seit längerer Zeit gänzlich verdorben war; es war heftig stinkend, schmeckte bald süß, bald sauer und bald wiederum bitter; dabei war es von blauer, ja fast schwarzer Farbe. Dieses Wasser, das wir des penetrierenden Gestankes wegen nicht einmal zum Waschen gebrauchen konnten, mußte die arme Mannschaft trinken. Wir hatten in der Cajüte einen bedeutenden Vorrath an Selterwasser, und entgingen daher, wenigstens in einiger Hinsicht, der schrecklichen Noth. ...«

In seinen weiteren Ausführungen über das Trinkwasser erwähnte Dr. Meyen einige Pfund thierische Kohle (gebrannte Knochenerde), die sich an Bord befanden. Versuche zeigten, daß sich das faulende Wasser damit erheblich verbessern ließ, aber man hätte die Kohle zentnerweise gebraucht.

»Bei der so vervollkommneten Schiffahrtskunde«, schreibt Dr. Meyen an anderer Stelle, »kommt es immer noch vor, daß die südwärts segelnden Schiffe nicht von der südamerikanischen Küste bei Kap San Roque freikommen und dadurch unter Umständen Monate verlieren.« Als PRINCESS LOUISE den Äquator in 25° W schnitt, war schon seit 5–6 Tagen ein großer holländischer Indienfahrer in ihrer Nähe, »den wir doch zuletzt vorsegelten. Am folgenden Tag, nachdem wir die Linie passiert waren, bemerkte man, daß der Holländer umgelegt hatte und wieder nordöstlich fuhr.« Seeleute fühlen sich sehr gekränkt, wenn ihnen ein anderes Schiff vorsegelt.

Wegen der Trinkwassersorgen hatte sich Kapitän Wendt zum Anlaufen von Rio de Janeiro entschlossen. Aus dem Schiffsjournal ist über die Ansteuerung folgendes zu ersehen:

Der frische SO-Passat, der schon auf dem Äquator angetroffen wurde, brachte das Schiff in flotter Fahrt bis 21° S, 37° W. Am nächsten Tag, dem 13. 11., hatte der Wind auf NNO gedreht, PRINCESS LOUISE lief zeitweise 10 Knoten. Am 14. 11. wehte ein schwacher SW-Wind, mit dem man westwärts steuerte. »Wir glaubten Brandung zu sehen; es zeigte sich jedoch späterhin, daß große Fische diese Täuschung veranlaßten.« Land kam erst am nächsten Tag um 17 Uhr in Sicht; man dachte an Cap Frio, 50 sm östlich von Rio de Janeiro, hielt sich aber wegen der bevorstehenden Nacht vorsichtig zurück. Erst am nächsten Morgen, dem 16. 11., wurden mehr Segel gemacht, obgleich noch dichter Nebel über dem hohen Land lag. Um 18 Uhr erreichte man die Einfahrt nach Rio de Janeiro bei flauem umlaufendem Wind und ankerte um 18¾^{h} in der Nähe der Kastelle. Bald darauf kamen 2 Offizianten an Bord. Es regnete zeitweise aus einem trüben Himmel. Als der Flutstrom einsetzte, segelte PRINCESS LOUISE auf die Reede, wo man um 1½^{h} den Anker wieder fallen ließ.

17. 11. Schon früh am Morgen kam ein Fahrzeug mit Trinkwasser, »wovon wir 11 unserer Fässer füllten. Auch der Preußische Konsul kam schon vormittags an Bord, bei dessen Abfahrt wir durch 11 Kanonenschüsse salutierten.«

18. 11. Um 6^{h} kam ein weiteres Boot mit Trinkwasser. Um 11^{h} wurde Leichtmatrose Wilh. Siebenschuh mit der Heck-Schaluppe an Land gebracht. [Man mußte ihn im Hospital zurücklassen. Beim Aufentern im Großmast hatte er sich einen Oberschenkel gebrochen. Nach Dr. Meyens Urteil erforderte die Behandlung eine monatelange Ruhigstellung.]

19. 11. Es kam noch ein drittes Boot mit Wasser, so daß alle Wassergefäße gefüllt werden konnten. Das Schiff wurde segelfertig gemacht; abends kam der Kapitän an Bord.

20.11. Um $5\frac{1}{2}^{h}$ morgens wurde Anker gelichtet und das Schiff mit dem Ebbstrom bis Fort Santa Cruz bugsiert. Da der Strom das Schiff auf das Fort zutrieb, mußte man um $8\frac{1}{2}^{h}$ den Anker fallen lassen. Um 10^{h} kam ein lebhafter SSO als Seewind durch; man ging ankerauf und lavierte aus dem Hafen. Capitän Schoof von der Königlichen Brigg KRONPRINZ leistete hierbei mit einem Boot und fünf Mann hilfreiche Hand. [Gemeint ist die Brigg KRONPRINZ VON PREUSSEN, die auf der Heimreise von Valparaiso Rio de Janeiro angelaufen hatte.] Mittags um 12^{h} war man frei von den Inseln und peilte den Zuckerhut in NW.

21.11. Der östliche Wind nahm an Stärke zu; es wurden kleine Segel gemacht und die Oberbramrahen an Deck gegeben.

Über das Anlaufen von Rio de Janeiro berichtet Dr. Meyen in seinem Buch sehr ausführlich; er hatte die Liegezeit des Schiffes zu größeren Landausflügen genutzt. Der folgende Auszug gibt nur seine Bemerkungen über Hafen und Schiffahrt wieder:

Am 15.11. verschwand das vermeintliche Cap Frio im Nebel; am nächsten Morgen fragte man einen kleinen brasilianischen Schoner, der die Lage von Cap Frio angab, aber falsch, wie sich später herausstellte. Man nahm an, es war Absicht. Die Seekarten waren schlecht, die Navigation war gefährlich. Das Schiff THETIS, das im Hafen von Rio lag, war nach dem Auslaufen bei Cap Frio schrecklich gestrandet.

Nach dem ersten Ankern am 16.11. kamen die Beamten [Hafenkapitän und Zoll] erstaunlich schnell an Bord, weil sie in der Dunkelheit die Flagge der PRINCESS LOUISE für eine portugiesische gehalten hatten und Post erwarteten. Sie waren enttäuscht und zuerst sehr barsch; aber sie wurden höflicher, als sie erfuhren, daß PRINCESS LOUISE ein Königliches Schiff sei. Kriegsschiffe vieler Nationen lagen im Hafen. KRONPRINZ war auch da, mit Weizen von Chile kommend.

Eine englische Korvette war zusammen mit der PRINCESS LOUISE eingelaufen; sie hatte England um sieben Tage früher verlassen als das preußische Schiff. Mit ihrem Salutschießen löste sie einen gewaltigen Kanonendonner in der vorher so friedlichen Bucht aus, denn bald donnerte das Admiralsschiff und dann antworteten die brasilianischen Batterien. Das Getöse gab Dr. Meyen Anlaß »zu Betrachtungen über die fortschreitende Cultur, und die unabänderlichen Uebel, welche mit ihr das Menschengeschlecht begleiten; statt daß mit der fortschreitenden Bildung der Völker die Humanität sich mehr und mehr verbreitet, ...statt dessen vergrößern sich täglich die Kriegs-Anstalten; immer neue Mittel müssen erfunden werden, um die öffentliche Ruhe und den Frieden zu erhalten.«

In Brasilien [das sich 1822 unabhängig gemacht hatte] regierte noch der Kaiser Dom Pedro I. [der 1831 wegen der ständigen Unruhen das Land verlassen mußte und nach Europa ging]. Rio de Janeiro glich einem Vulkan. Die Sklaveneinfuhr war seit dem 1. Juli 1830 verboten; aber es gab im Innern des Landes noch weiterhin Sklavenhandel. Dr. Meyen fand die Zustände im Land fürchterlich, die Bestechlichkeit der Beamten sei ungewöhnlich groß, und die Hotels seien unsauber und voller Ungeziefer.

Am 20.11. morgens ging es ankerauf, bevor der Seewind einsetzte. Um 10^{h} wurde der SO-liche Wind frischer, und PRINCESS LOUISE setzte sich bald an die Spitze der zahlreichen Schiffe, die gleichzeitig ausgelaufen waren. Ab mittags wehte es stürmisch aus Ost, und der Sturm hielt bis zum Abend des folgenden Tages an. Dr. Meyen und andere Passagiere litten unter der Seekrankheit und mußten sich niederlegen.

Von Rio de Janeiro nach Valparaiso

Als Ratgeber für die Fahrt südwärts benutzte Kapitän Wendt das englische Segelhandbuch von Perdy »Sailing Directions for the southern Coast of Brazil«. Das stürmische Wetter, das PRINCESS LOUISE bald nach dem Verlassen von Rio de Janeiro antraf, beruhigte sich erst nach zwei Tagen. Es folgen weitere Eintragungen aus dem Schiffsjournal:

22.11. Nachmittags brachte man die Groß-Oberbramrah wieder auf und setzte auch das Skysegel; aber nachts erreichte der Wind erneut Sturmesstärke, diesmal aus südlicher Richtung. Es wurden kleine Segel gemacht.

23.11. Wind SSO-lich, an Stärke abnehmend. Mittagsposition 26° 45′ S, 45° 04′ W, Etmal 20 sm.

24.11. Außenklüver und Bramstagsegel wurden gesetzt. Acht kleine Wasserfässer wurden im Zwischendeck verstaut.

25.11. Bei schwachem nördlichem Wind begegnete man einem amerikanischen Walfänger, der beim Winde segelte. Am folgenden Tag sichtete man eine Brigg, ebenfalls auf Gegenkurs.

28.11. Wind unbeständig in Richtung und Stärke. Es brach das Liek des Groß-Marssegels und wurde sogleich ausgebessert.

29.11. Steifer NO-licher Wind brachte das Schiff auf über 9 Knoten Fahrt, Etmal 194 sm.

30.11. Bei frischem westlichem Wind den 40. Breitengrad gekreuzt. Einige Segel wurden gegen neue ausgewechselt, als Vorbereitung auf die Kap-Horn-Umsegelung. Viele Seevögel beim Schiff, darunter auch Albatrosse.

1.12. Es wurde noch mal mit Kanonen, Gewehren und Pistolen zur Übung geschossen, dann wurden 8 Kanonen im Laderaum verstaut. Wind in den nächsten Tagen unbeständig, aber vorwiegend westlich.

5.12. »SW-Sturm mit äußerst heftigen Bügen, lagen vor dichtgerefftem Besan und dem Groß-Gaffelsegel bei.«

11.12. Der 50. Breitengrad wurde in 63° W gekreuzt und damit die Kap-Horn-Region erreicht. Wetter sehr veränderlich, Wind meistens aus dem westlichen Halbkreis. Oberbramrahen an Deck.

14.12. Kap St. John am Ostende von Staaten Island in 7 sm Abstand passiert. Wind schwach und veränderlich, Mittagsbreite 54° 57′ S.

16.12. Mäßige westliche Winde, von NW auf SW drehend; Mittagsposition auf 56° 50′ S, 65° 06′ W, womit etwa die Länge von Kap Horn erreicht war.

17.12. Sturm aus SW, nachts abflauend und nach NW drehend. In den folgenden Tagen Winde weiterhin aus dem West-Quadranten, Wetter trübe mit Regen.

23.12. 58° 57′ S, 74° 14′ W, Bramstagsegel zerrissen.

26.12. Schwerer Sturm aus WSW mit heftigen Hagel- und Schneeböen bei Tag und Nacht. »Die See lief sehr hoch und das Schiff arbeitete stark in derselben.«

30.12. Frischer westlicher Wind, Mittagsposition 57° 39′ S, 80° 28′ W. In den nächsten Tagen frische Winde aus dem NW-Quadranten, bei denen das Schiff nur langsam voran kam; um sich auf 80° W halten zu können, mußte ab und zu auf Backbordbug gelegt werden.

9.1.31 Mittags auf 50° 20′ S, 80° 12′ W. Mäßiger Wind aus W bis NW, Etmal 105 sm.

Damit hatte das Schiff die Kap-Horn-Umseglung von 50° S–50° S in 29 Tagen beendet; das war eine ziemlich lange Zeit, obwohl das Schiff in jenen Sommermonaten nicht viele schwere Stürme abzuwettern hatte. Aber eine Aufstellung von Dr. Meyen über die stündlich notierten Windrichtungen in den 25 Tagen ab Staaten Island zeigt, daß 93 % der Winde aus dem westlichen Halbkreis wehten, 55 % aus dem Sektor von WSW–WNW; das waren ungünstige Verhältnisse.

Um das Jahr 1900 betrug die mittlere Dauer einer Kap-Horn-Umseglung nur 18 Tage; aber zu der Zeit hatten die Hydrographen viele Hunderte von Kap-Horn-Umsegelungen ausgewertet und daraus bessere Ratschläge für die Kapitäne gewonnen. Nach den im Journal der PRINCESS LOUISE angegebenen Mittagspositionen war ihre höchste Breite 59° S gewesen, doch nach den Angaben von Dr. Meyen hatte man zweimal 60° S erreicht.

Auf der Fahrt von Rio bis zur La-Plata-Mündung gab es, wie Dr. Meyen schrieb, besonderen Dienst: »Capitän Wendt wendete diese Zeit zum Exercieren der Mannschaft an, um die Leute an den Gebrauch der Waffen zu gewöhnen, die man der PRINCESS LOUISE zur Selbstvertheidigung mitgegeben hatte. Es wurden täglich Übungen im g r o ß e n und k l e i n e n Feuer gehalten, wobei Preußische Kartätschen, wohl zum erstenmale, die südliche Halbkugel berührten.«

Über die Umseglung Kap Horns findet man in Dr. Meyens Bericht sehr ausführliche Angaben, unter anderem: »Die Schilderungen des Elends auf dem Englischen Geschwader, das, unter Lord Anson, das Cap umschiffte, sind gewiß nicht übertrieben; die zur damaligen Zeit [1740] noch unvollkommene Bauart der Schiffe, besonders die schlechtere Takelage, mit den großen Segeln bei unverhältnismäßig großen Masten, waren Schuld, daß damals ganze Flotten auf ihrer Fahrt um Cap Horn ihren Untergang fanden. Wen hat nicht der Untergang der großen Spanischen Flotte unter Don José Piçarro ergriffen, der 8 Tage früher als Lord Anson dieses Cap umschiffen wollte, um letzteren in der Südsee zu bekriegen? Gegen 3000 Menschen fanden dabei ihren Tod!«

Auch seine eigenen Erfahrungen bei Kap Horn waren nicht die besten: »Die Sonne kam nur selten um Mittag zum Vorschein, und sobald sie sich wieder senkte, wurde der Himmel wieder dick bewölkt... Nur einmal sahen wir bei Cap Horn, innerhalb 25 Tagen, die Sonne untergehen.«

Kapitän Wendts Plan, durch die Le-Maire-Straße zu segeln, wurde durch den anhaltend starken westlichen Wind verhindert; das Schiff umsegelte Cabo San Juan [Kap St. John], am Ostende von Staaten Island, in 7 sm Abstand. Der Kapitän und seine Offiziere zeichneten Küstenansichten von der Insel. Dr. Meyen studierte die »gigantischen« Tanggewächse des Ozeans. Die niedrigen Temperaturen bei Kap Horn waren auch für die Passagiere unangenehm, »da der Schiffsraum zum Heitzen nicht eingerichtet, und es auf unserem Schiffe Sitte war, die Thüre niemals zuzumachen, so daß wir, selbst in der Cajüte, ständig im Freien saßen, ... wochenlang war die Temperatur in unserem Zimmer nicht über 7° R. ... Mit dem 10. Januar hörten endlich unsere Leiden auf.«

Aus dem Schiffsjournal stammen die folgenden Angaben:

10. 1. Mittagsposition 49° 04′ S, 80° 01′ W, Etmal 72 sm.

12. 1. Brachten die Kreuzbramstenge, Kreuzbramrah, Groß-Oberbramstenge und -rah auf.

14. 1. 43° Südbreite. »Brachten die Kanonen aus dem Unterraum wieder auf dem Deck.«

16. 1. »Brachten Vor-Oberbramstenge und -rah auf, Außenklüverbaum ausgebracht.«

18.1. Schönes Wetter mit schwachem südlichem Wind. »Das Schiff schlängerte sehr. Trafen einen Englischen Whäler, dessen Capitän zu uns an Bord kam.« [Vgl. auch Dr. Meyens Bericht]

21.1. Lebhafte Südwinde bei schönem Wetter. Mittags kam Punta Corumilla in NO in Sicht, Abstand etwa 40 sm. »Nachdem wir mehrere Wendungen gemacht, gingen wir um 5^h nachmittags in der Bay von Valparaiso auf 24 Faden Tiefe zu Anker.«

22.1. »Wir warpten uns weiter in die Bay hinein und ankerten 2 Kabellängen vom Lande auf 22 Faden Wasser und weichem Grund. ... Vertäuten uns außerdem über den Spiegel durch ein Warp an der Pferdeleine.«

Dr. Meyen gab zu dem Treffen mit dem Walfänger zusätzliche Details: Auf der Höhe von Chiloe besuchte uns der Kapitän eines englischen »Caschelott-Fängers« [Caschelott = Pottwal] an Bord der PRINCESS LOUISE. Sein Schiff hieß PATRIDGE, er selber Stövers. Er war bereits 23 Jahre in dem Beruf, in dem er seinen Vater hatte verunglücken sehen. Dr. Meyen nannte ihn einen sehr gebildeten Mann und ließ sich von ihm viel über Pottwale und ihren Fang erzählen. Das Schiff war für eine Expedition von 3 Jahren ausgerüstet.

Am 20. Januar war Dr. Meyen beeindruckt, als er zum ersten Mal die schneebedeckten Gipfel der Cordilleren erblickte. Vor Ankunft in Valparaiso erlebten die Passagiere noch eine stürmische Nacht, in der Wasser durch die geöffneten Fenster am Heck des Schiffes in die Kajüte schlug. Am späten Nachmittag ankerte PRINCESS LOUISE in der Bucht von Valparaiso; da der Anker nicht gleich hielt, kam es zu einer Beinah-Kollision mit dem französischen Linienschiff VESTALIN.

An der Küste von Chile und Peru

Gleich nach der Ankunft verließen einige Passagiere das Schiff. Viele deutsche Besucher kamen schon am ersten Abend an Bord, während Dr. Meyen eine Einladung für einen Besuch an Land erhielt.

Einige Tage nach Ankunft der PRINCESS LOUISE stellte sich heraus, daß sie mindestens 5–6 Wochen in Valparaiso liegen würde. Dadurch erhielt Dr. Meyen Gelegenheit zu größeren Landausflügen, die er für seine botanischen Forschungen begeistert nutzte.

Vorher hatte er sich bereits in Valparaiso umgesehen und seine Eindrücke notiert: Die Stadt hatte mit ihren Vororten 19700 Einwohner, machte aber einen ziemlich trostlosen Eindruck. Es gab noch keinen einzigen anständigen Gasthof am Ort, in dem ein Fremder hätte wohnen können. Trotzdem war Valparaiso damals schon der bedeutendste Hafen an der Westküste Südamerikas und der einzige Freihafen in Chile; ohne besondere Genehmigungen durften sonst nur noch die Häfen Coquimbo, Talcahuano, Valdivia und San Carlos de Chiloe benutzt werden. Als PRINCESS LOUISE in Valparaiso eintraf, lagen nur 7 oder 8 größere Handelsschiffe in der großen Hafenbucht, außerdem waren mehrere britische und französische Kriegsschiffe anwesend. Die Hafenstatistik des Jahres 1830 gab 287 eingelaufene Schiffe an, die Kriegsschiffe eingeschlossen. Nur 5 dieser eingelaufenen Schiffe führten eine deutsche Flagge; 67 waren britisch, 55 nordamerikanisch und 45 französisch.

Dr. Meyen brach am 26. Januar von Valparaiso mit einer primitiven Kutsche nach der Hauptstadt Santiago auf, die ihm sehr gefiel. Von dort aus unternahm er mit ortskundigen Begleitern zu Pferde mehrere größere »Excursionen« in die Cordillere. Maultiere trugen den Proviant und die gesammelten Pflanzen und sonstige Fundstücke. Nach vier Wochen kehrte er nach Valparaiso zurück, um die Abfahrt der PRINCESS LOUISE nicht zu versäumen.

Als Agent für das Schiff fungierte in Valparaiso der Kaufmann Waddington, an den die PRINCESS LOUISE adressiert worden war. An Bord entwickelte sich im Hafen von Valparaiso der normale Hafenbetrieb eines Frachtschiffes; die folgenden Auszüge aus dem Schiffsjournal geben einen Einblick:

24.1.	[Montag:] Brachten mehrere Musterkisten an Land. Bramrahen an Deck, Segel abgeschlagen.
28.1.	Löschten 100 Fässer Mehl; am nächsten Tag weitere 100 Fässer Mehl und 11 Colli.
1.2.	Löschten verschiedene Waren; am nächsten Tag ebenso.
3.2.	Löschten 2 Bootsladungen. [Bis zum 11.2. wird im Journal laufend das Löschen von Ladung vermerkt, ohne Angaben über die Art der Ladung.]
12.2.	»Marssegel angeschlagen. – Die Chilenen begingen an diesem Tage die Feier eines in ihrem Befreiungskriege erfochtenen Sieges, weshalb wir um 12^{h} mittags eine Salve von 21 Kanonenschüssen gaben, ein Honneur, desgleichen die in der Bay vor Anker liegende Französische und eine Englische Kriegsfregatte ebenfalls machten.«
14.2. und 15.2.	wurde wieder Ladung gelöscht.
16.2.	Nahmen Ballast.
17.2.	Nahmen Ballast und holten Wasser an Bord.
18.2. und 19.2.	wurde noch Ladung gelöscht.
21.2.	Holten Wasser, schlugen Segel unter, setzten unser Großboot und die Schaluppe ein.
23.2.	Bekamen etwas frischen Proviant.
24.2.	Löschten einige Kisten.
4.3.	»Nachmittags heftiger Sturm aus SzW und SSW, wobei einige Schiffe in der Bay triftig wurden.«
5.3.	»Bekamen 21 Ballen Tabak als Ladung an Bord; erhielten eine Anzahl Musterkisten zurück. Das Schiff wurde segelfertig gemacht.«
6.3.	»Morgens windstill, gegen 9^{h} entstand ein schwacher NW. Um 10^{h} fingen wir an, Bott zu kürzen. Ein lebhafter SSW begann zu wehen. Mittags lichteten wir An-

ker; eine Manilaleine, die wir vorher auf dem Wachtschiff festgemacht hatten, brach, so bald sich das Anker aus dem Grunde gelichtet hatte. – Klüver und Besan bei. Um 1^{h} war unser Anker völlig auf, Marssegel und Untersegel bei. ... Um $1^{h}\,30^{m}$ Kastell St. Anthony SWzW, 3 sm.«

7.3. Wind SW-lich, Mittagsposition 31° 35′ N, 72° 19′ W, Etmal 92 sm.

8./9.3. Südlicher Wind. Morgens »schickten wir unsere Heckschaluppe in die Bay ab, um Briefe nach Coquimbo zu besorgen und Mr. Eastman (unseren Commissionaire) von da abzuholen. $7\frac{1}{2}^{h}$ wendeten das Schiff westwärts und lagen bei, fast windstill.«

12^{h} mittags peilte Punta de Coquimbo N 71° O, 3 sm ab. Tagsüber »kreuzten vor und in der Bay von Coquimbo, um unsere Schaluppe mit Mr. Eastman zu erwarten«. Ständige Signalverbindung mit der Schaluppe, die um 5^{h} nachmittags zurückgerufen wurde. Mr. Eastman kam um 6^{h} mit einem anderen Boot. Es wurden sogleich Segel gesetzt, um nach der Bay von Copiapo zu segeln. Wind südlich, alle Leesegel bei.

Aus Dr. Meyens Reisebericht ergibt sich folgendes: Bei der Abfahrt von Valparaiso am 6. März 1831 ließ man sich morgens viel Zeit, weil es völlig windstill war. Erst mittags wehte ein frischer SSW-Wind, der es der Princess Louise ermöglichte, ohne fremde Hilfe die Hafenbucht zu verlassen, um nach Coquimbo und Copiapo zu segeln.

Leichte südliche Winde und die Humboldt-Strömung brachten das Schiff nordwärts, so daß es zwei Tage später vor der Hafenbucht von Coquimbo stand. Schon morgens hatte Kapitän Wendt die Heck-Schaluppe an Land geschickt; sie sollte nicht nur Briefe besorgen, sondern vor allem Mr. Eastman an Bord bringen. Er war der Makler, der in Copiapo die Verladung des Kupfers für die Princess Louise organisieren sollte. Copiapo, 160 sm nördlich von Coquimbo gelegen, war ein Exporthafen für Erz und Metall, den nur Schiffe mit einer besonderen Genehmigung anlaufen durften.

Mit der Schaluppe war auch Dr. Meyen mit an Land gefahren; er berichtete, daß schon bald nach Mittag die PRINCESS in der Einfahrt der Bucht erschien und mehrere Kanonenschüsse abfeuerte, um die Bootsbesatzung und vor allem Mr. Eastman zur Eile aufzufordern. Mr. Eastman hatte es aber gar nicht eilig; anscheinend hatte das aber weniger mit britischem Hochmut zu tun als mit seiner Angst vor der Seekrankheit. Sie befiel ihn schon auf einem Schiff, das nur in einer Hafenbucht dümpelte. Um 17 Uhr rief Capitän Wendt sein Boot durch ein vereinbartes Signal zurück; um 18 Uhr kam Mr. Eastman mit einem anderen Boot an Bord. Sobald er an Bord war, ließ Capitän Wendt sämtliche Segel einschließlich aller Leesegel setzen; denn er wollte Puerto de Copiapo noch am nächsten Tag vor Dunkelwerden erreichen. Das gelang ihm zwar, aber es war zu spät, um die gefährliche Einfahrt noch zu riskieren, so daß er das Schiff vor der Bucht beidrehen mußte. Am nächsten Morgen, dem 11. März, brachte Kapitän Wendt die PRINCESS sehr geschickt durch die Brandung und die von Felsen beengte Einfahrt in den Hafen. Er kannte die Einfahrt schon von der vorhergehenden Erdumseglung und hatte sich damals eine Skizze gemacht. Im Hafen wurde das Schiff mit drei Ankern so vermurt, daß es mit dem Bug gegen die Dünung lag.

Mr. Eastman verließ das dümpelnde Schiff so bald wie möglich, um bei der Bergwerks-Gesellschaft die Lieferung der Kupferbarren zu arrangieren. Die Kupferminen und die Schmelzöfen lagen weit im Hinterland, als Transportmittel standen nur Maultiere zur Verfügung. Einem Maultier wurden jeweils zwei Barren aufgeladen, so daß an jeder Seite einer hing. Ein Barren wog 2 Quintals, ein Quintal war gleich 46 kg. Obgleich Copiapo nur ein Exporthafen war, durfte PRINCESS LOUISE dort die 21 Ballen Tabak löschen, die sie in Valparaiso geladen hatte.

Dr. Meyen nutzte die 10tägige Liegezeit des Schiffes für Studienzwecke in der weiteren Umgebung der Stadt Copiapo und vermerkt dazu: Copiapo liegt etwa 60 km landeinwärts und hatte zu jener Zeit 4000 Einwohner. Die Gegend war teilweise sehr fruchtbar, aber landwirtschaftlich unterentwickelt. Es gab vielerlei Bodenschätze, an denen die Menschen stärker interessiert waren als an einer intensiven Landwirtschaft. Neue Erzfunde versetzten die Leute in Erregung; denn es gab nicht nur Kupfererz, man hatte auch Silbererze gefunden und gelegentlich sogar etwas Gold. Allerdings war die Metallgewinnung noch schwierig. Als Brennstoff für die Schmelzöfen war man auf Holzkohle angewiesen, die man durch Verkohlung der Buschwälder gewann; für die notwendigen Transporte standen nur Maultiere zur Verfügung. Infolgedessen war auch die Kupfergewinnung recht primitiv und rentierte sich nur, weil das Erz mit 50 bis 70% Kupferanteil sehr hochwertig war.

Als Dr. Meyen bei seinen botanischen Exkursionen eine neue Pflanzengattung entdeckte, gab er ihr den Namen »Rotheria«, um den Präsidenten der Seehandlungs-Sozietät zu ehren. Dr. Meyen war aber nicht einseitig: Eine andere, bisher unbekannte Pflanze erhielt von ihm den Namen »Wendtia«, und es ist nicht schwer zu erraten, wem er damit eine Freude machen wollte. Ebenso wie ihm die Provinz Santiago sehr gefallen hatte, war Dr. Meyen auch von dem Klima und der Vegetation der Region um Copiapo begeistert und bezeichnete in seinem Überschwang Chile als das »Italien Südamerikas«.

Die PRINCESS LOUISE hatte in Puerto de Copiapo 463 Kupferbarren geladen, als sie den Hafen am späten Nachmittag des 20. März verließ, mit einem mittleren Tiefgang von 13′ 6″. Ihr nächstes Ziel war Arica in Peru, das rund 550 sm nördlicher liegt.

Mit leichten südlichen Winden segelte die PRINCESS LOUISE in Sicht der Küste nordwärts, vorbei an manchen Plätzen, die später als Salpeterhäfen noch eine wichtige Rolle für die letzten Segelschiffe spielen sollten. Die PRINCESS führte bei dem leichten achterlichen Wind ihre drei Skysegel und an beiden Seiten die Leesegel; aber sie schaffte bestenfalls einhundert Seemeilen im Etmal. Da der Wind am 25.3. nach SO drehte, hielt sich Kapitän Wendt dicht unter der Küste, um bei weiterem Abflauen des Windes nicht von der Strömung an seinem Bestimmungsort vorbei getrieben zu werden, wie es an dieser Küste manchem Segler passiert ist.

Am Nachmittag des 26.3. ankerte die PRINCESS LOUISE bei schönem Wetter in der Bucht von Arica. Sobald das Schiff einklariert war, setzte man die große Schaluppe aus, um 37 Kisten mit

Warenproben an Land zu schicken. Dr. Meyen schreibt: Obgleich Arica für Peru ein wichtiger Hafen war, machte die Ortschaft einen armseligen Eindruck, und die Bevölkerung, die zum größten Teil aus Mulatten und Mestizen bestand, war in schlechtem Gesundheitszustand. Die Gegend galt als malariaverseucht, deshalb wohnten die Kaufleute und Beamten zum größten Teil in der Stadt Tacna, die in gesunder Höhenlage etwa 50 km landeinwärts liegt und damals rund 10000 Einwohner hatte. Da sich der Handel in Tacna abspielte, wurden auch die Musterkisten, die PRINCESS LOUISE mitgebracht hatte, von Arica nach Tacna geschickt.

Am 28. März reiste Kapitän Wendt zu Pferde nach Tacna, und mit ihm ritten Dr. Meyen und ein junger Seemann, der Dr. Meyen auf seinen Exkursionen in das Landesinnere begleiten sollte. Der Kapitän besprach mit dem Kaufmann Bolten, an den das Schiff adressiert war, daß die PRINCESS etwa 14 Tage in Arica liegen und dann weiter nordwärts nach Islay segeln sollte. Aufgrund dieses Fahrplans beschloß Dr. Meyen, von Tacna nach Puna zu reisen, das am Westufer des großen Titicacasees in der erstaunlichen Höhe von 3900 m liegt. Die Kosten dieser Expedition für Proviant, Führer, Pferde und Maultiere waren sehr hoch, und der Empfang beim Gouverneur von Puna, bei dem Dr. Meyen sich melden mußte, war sehr kühl. Die Rückreise führte ihn vom Titicacasee über Arequipa direkt nach Islay, wo er die PRINCESS am 23. April wieder traf. Über den fast vierwöchigen Ausflug hat der junge Dr. Meyen ausführlich in seinem Buch berichtet und dabei den Damen von Tacna einen ganzen Absatz gewidmet. Er beginnt mit dem lapidaren Satz: »Die Damen von Tacna sind im Allgemeinen sehr häßlich«, um dann fortzufahren, daß die wenigen Ausnahmen auch von den Einheimischen wie fremdartige Wesen betrachtet würden, wenn sie durch die Stadt ritten.

Kapitän Wendt kehrte am 1. April nach Arica zurück, mit dem Bescheid, daß das Schiff mit dem Löschen der Ladung beginnen dürfe. Am nächsten Tag stattete der peruanische General Guicochea dem Schiff einen Besuch ab; bei seinem Abgang salutierte PRINCESS LOUISE durch 11 Kanonenschüsse, die von der peruanischen Kriegsbrigg CONGRESSO durch eine gleiche Anzahl Schüsse erwidert wurden. In den folgenden Tagen löschte das

Schiff verschiedene Waren; am 7. April wurden 25 Musterkisten wieder an Bord geliefert. Am nächsten Tag brachte man 7000 Piaster an Bord. Am 9.4. machte die Mannschaft das Schiff segelfertig, und am Sonntag, den 10.4., wurde um 11^h der Anker gelichtet, um mit frischem SSW-Wind in See zu gehen.

Bis zum nächsten Mittag legte die PRINCESS LOUISE mit SOlichem Wind 98 sm zurück und konnte am 12.4. vormittags in der Bay von Islay den Anker fallen lassen. Die von Felsen eingefaßte Bucht bot geschützte Liegeplätze, war aber erst 1829 amtlich als Hafen eingerichtet worden, als Ersatz für Quilca. In Islay lebten 1831 etwa 1000 bis 1200 Menschen, die zum Teil von Quilca dorthin umgesiedelt worden waren. Sie lebten in Islay teuer und ungesund; denn sie wurden von der Malaria tertiana sehr geplagt. Heute ist Islay auf den meisten Landkarten nicht mehr zu finden; als Häfen der Region dienen Mollendo und Matarani, die nur wenige Seemeilen von der Islay-Bucht entfernt liegen.

Am Nachmittag des Ankunftstages wurde die große Schaluppe der PRINCESS ausgesetzt, um Musterkisten und Passagiergut an Land zu bringen. Die Order zum Löschen der Ladung traf nachmittags am 19.4. in Islay ein, so daß man erst am nächsten Tag mit dem Löschen beginnen konnte. Zwischendurch liest man im Journal die Eintragung »Schimanten«, womit die Ausbesserung und Konservierung der Takelage durch die Mannschaft gemeint ist. Am 25.4. wurde der Rest der zu löschenden Ladung an Land gebracht, und am selben Nachmittag kam die »Visita« an Bord, um das Schiff zu durchsuchen [Zollkontrolle]. Am nächsten Tag heißt es im Journal: «Holten das Passagiergut an Bord, deren wir 6 hatten. Auch eine Anzahl Kisten mit Geld und Silberbarren erhielten wir an Bord, und bekamen die Musterkisten zurück.«

Noch am selben Tag wurde um 17^h der Anker gelichtet, um die Fahrt nach dem 450 sm entfernten Callao anzutreten. Mit dem sehr flauen Wind steuerte man zunächst westwärts und schaffte bis zum nächsten Mittag nicht mehr als 24 sm. Am 28.4. wurde der SO-Passat frischer und brachte das Schiff in flotter Fahrt bis vor die Bucht von Callao, in die Kapitän Wendt nachts bei hellem Mondschein und abflauendem SO-Wind einlief und auf der Außenreede ankerte. Bei Tagesanbruch am 1.5. wurde der Anker wieder aufgenommen und das Schiff auf die Innenreede bugsiert.

Dr. Meyen hatte auf der Fahrt nach Callao durch Messen der Wassertemperaturen und der Strömungsrichtung die Erkenntnisse über die große kalte Meeresströmung zu erweitern versucht, die westlich von Südamerika nordwärts setzt. Alexander von Humboldt hatte die Strömung 1802 zuerst in ihrer Bedeutung erkannt, und Dr. Meyen schrieb in sein Buch emphatisch: »Möge diese Strömung fortan den Namen ihres großen Entdeckers führen!« Sein Wunsch ging nicht restlos in Erfüllung; denn neben dem Namen »Humboldt-Strömung« oder »Humboldt Current« hat sich bis heute auch die Bezeichnung »Peru-Strömung« oder »Peruvian Current« erhalten.

Mit den Meeresströmungen im Zusammenhang steht der Fischreichtum der peruanischen Küstengewässer, der Dr. Meyen in Erstaunen versetzte: Vor allem die kleinen Fische traten in unglaublich dichten Schwärmen auf. Wenn so ein Schwarm von Anchovis [Sardellen] in die Bucht von Callao eindrang, wurden mit jeder kleinen Welle Hunderte von Fischen an den Strand gespült, so daß die Leute sie nur aufzusammeln brauchten. Die vielen Fische bilden die Nahrungsgrundlage der riesigen Vogelschwärme in der Küstenregion, und den vielen Vögeln verdankt Peru den Reichtum an Guano, den die Vögel auf Küstenvorsprüngen und den vorgelagerten Inseln abgesetzt hatten. Guano und Silber gehörten im 19. Jahrhundert zu den wichtigsten Ausfuhrgütern Perus.

Begeistert hat Dr. Meyen die Ansicht des Hafens von Callao geschildert, wie er sich ihm darbot, als er am ersten Morgen seinen Blick über die weite Bucht schweifen ließ, über deren Dunstschicht der Mastenwald der vielen Schiffe und dahinter die grünen Hügel der fernen Küste herausragten. Callao ist der Hafenplatz für Perus Hauptstadt Lima, die in 12 km Entfernung landeinwärts liegt. Das Klima in Lima ist trotz der Nähe des Äquators recht angenehm, dank der kalten Meeresströmung vor diesem Küstenstrich. Von Callao konnte man die Hauptstadt mit Postkutschen erreichen, die von 4 bis 5 Pferden gezogen wurden und in beiden Richtungen zweimal täglich verkehrten. Die Einwohnerzahl Limas betrug 1830 etwa 70000. Dr. Meyen sah sich in und um Lima gründlich um, mußte aber auf eine weitere Expedition in die Cordillere verzichten; die Zustände im Lande, die waren nicht so;

denn schließlich hatte sich Peru erst 1824 seine Unabhängigkeit von Spanien erkämpft.

Als die PRINCESS LOUISE die Innenreede von Callao erreichte, war die Besatzung erstaunt über die vielen Kriegsschiffe im Hafen, die sich zur Zeit der Flaggenparade durch Kanonenschüsse bemerkbar machten, während rauschende Musik von den Kriegsschiffen der Nordamerikaner über den Hafen schallte.

Drei Wochen blieb die PRINCESS LOUISE im Hafen von Callao liegen. Zuerst wurden die Bramsegel abgeschlagen und die Oberbramrahen an Deck gegeben, am nächsten Tag setzte die Mannschaft das Großboot aus, um Trinkwasser vom Land zu holen. Am 4.5. brachte man die Musterkisten an Land und löschte 9 Silberbarren. In den folgenden Tagen wurde verschiedene Ladung gelöscht, zuletzt noch ein Boot voll Mehl in Säcken. Zur gleichen Zeit hatten ein paar Matrosen drei neue Skysegel-Fallen zugetakelt.

Am 11.5. wurden das große Boot und die große Schaluppe eingesetzt, was nicht weiter aufregend war. Viel mehr Aufsehen erregte am selben Tag Kapitän Wendt, indem er seinen Ober-Steuermann Friedrich Woller abmusterte; gleichzeitig wurde der Zweite Steuermann Mensing zum Ersten und der Dritte Steuermann zum Zweiten befördert. Am 14.5. wurde ins Schiffsjournal eingetragen: »Des Morgens wurde Verklarung, die Ladung betreffend, gethan«, und zwar vor dem Hafenkapitän von Callao. Zum 15.5. lautet der Eintrag: »Der Bootsmann Hermann Holzerland wurde seines Dienstes entlassen, der Bootsmannsmaat nahm dessen Stelle ein, und der Matrose Heinrich Meyerhoff wurde als Bootsmannsmaat angestellt.« – Der Ober-Steuermann und der Bootsmann wurden wegen ungenügender Leistungen und Verstößen gegen die »Manneszucht« entlassen.

Am 17.5. wurde das laufende Tauwerk wieder eingeschoren, um das Schiff segelfertig zu machen.

Am Tag vor der Abfahrt nach China via Honolulu holte man 22000 Piaster an Bord der PRINCESS, von denen 2000 als Ladung nach Canton bestimmt waren. Nach den Akten der Seehandlung nahm das Schiff in Callao 50000 »harte Piaster« an Bord, um dafür Tee als Ladung für die Heimreise zu kaufen. Am 21.5., dem Pfingstsonnabend, sollte das Schiff den Hafen von Callao verlassen. Vormittags brachte die Mannschaft die Ober-Bramrahen und die Skysailrahen auf; nachmittags kamen drei Passagiere mit ihrem Gepäck an Bord. Dann kam die »Visita« zwecks Zollabfertigung und verließ das Schiff erst bei Sonnenuntergang. Um 18^h begann man den Anker zu hieven, um die Fahrt nach Honolulu anzutreten.

Im letzten Moment wurde noch ein Passagier an Bord gebracht, der im Journal des Schiffes jedoch nicht erwähnt wird. Es war ein General der peruanischen Armee namens Miller, eine bekannte Persönlichkeit in Peru; er hatte sich durch seine Kriegstaten in den Befreiungskämpfen ausgezeichnet und in einem vielbeachteten Buch seine Memoiren über die Ereignisse in Peru veröffentlicht. Zu Beginn des Jahres 1831, als sich in Peru erneut eine Militärrevolte anbahnte, kommandierte General Miller die Regierungstruppen in und um Lima. Er weigerte sich jedoch zu kämpfen – nach dem bekannten Motto »Truppe schießt nicht auf Truppe« –, weil daraus nur ein blutiger Bürgerkrieg hervorgehen konnte. Die Deputierten-Kammer respektierte seine Entscheidung und beurlaubte ihn für 6 Monate. Wahrscheinlich saß er zwischen zwei Stühlen und fühlte sich von beiden Seiten bedroht, so daß er sich auf ein im Hafen liegendes Kriegsschiff der U.S.A. begab. Von dort ließ er sich gerade zur rechten Zeit auf die PRINCESS LOUISE bringen, die durch ihn einen interessanten Passagier gewann. Für die Passage in der Kajüte hatte er 250 Dollar zu zahlen, während für eine Zwischendeckspassage nur 34 Dollar berechnet wurden.

Via Honolulu über den Stillen Ozean

Nachdem die PRINCESS LOUISE den Hafen von Callao mit einer leichten Brise verlassen hatte, erreichte sie auf westlichem Kurs bald einen lebhaften SO-Passat, mit dem sie mühelos auf die Sandwich-Inseln zusteuern konnte. Die Entfernung auf dem geraden Weg von Callao nach Honolulu betrug 5150 sm. Honolulu war schon damals die Hauptstadt der Insel Oahu und der gesamten Inselgruppe; man war sich nur noch nicht über die Schreibweise ihres Namens einig. Im Journal der PRINCESS schrieb man »Hononunu«, Dr. Meyen schrieb in seinem Buch »Honoruru«.

Die Fahrt von Callao nach Honolulu war eine Schönwetterreise, die durch den SO-Passat und anschließend den NO-Passat gefördert wurde. Zwar war das Wetter nicht immer schön im landläufigen Sinne; es gab Tage mit starker Bewölkung, insbesondere vormittags, und hin und wieder auch mal etwas Regen; aber es gab für die Schiffsleitung keine wetterbedingten Schwierigkeiten; die Leesegel konnten fast ununterbrochen geführt werden. Der gesteuerte Kurs lag immer im NW-Quadranten, also in Richtung auf das Reiseziel, und der Fortgang wurde meistens durch die Süd- oder die Nordäquatorialströmung gefördert, die beide nach Westen setzen. Dazwischen fließt allerdings in einem schmalen Streifen die äquatoriale Gegenströmung, die die PRINCESS zwischen 6° und 8° Nordbreite in zwei Tagen 61 sm nach Osten versetzte. Die durchschnittliche Geschwindigkeit der PRINCESS LOUISE auf ihrer 34tägigen Reise von Callao nach Honolulu betrug 6½ sm/h; als größte Tagesleistung verzeichnet das Journal 200 sm, und als größte Geschwindigkeit für kurze Zeiträume lassen sich 10 sm/h errechnen. Den Äquator kreuzte die PRINCESS am 8. Juni auf dem Meridian von 121° W, die äquatoriale Mallung machte sich kaum bemerkbar; auf 8° Nordbreite setzte sich am 12. Juni schon ein frischer NO-Passat durch.

Zwischen Peru und den Sandwich-Inseln sichtete man nur ein einziges Schiff, und zwar auf 5° S und 113° W, aber so weit entfernt, daß man es nicht identifizieren konnte. Vielleicht war es ein Walfänger, von denen sich damals viele in der »Südsee« betätigten. Die Leute auf der PRINCESS bekamen auf der Überfahrt nur selten mal einen stattlichen Wal zu Gesicht; doch traf man in Äquatornähe große Herden von Delphinen, zumeist große Tiere, die bis zu 6 m lang waren.

Für Unterhaltung unter den Kajütsgästen sorgte nicht allein der bereits erwähnte General Miller, sondern Dr. Meyen erwähnt in seinem Buch auch eine »Insulanerin«, die von Oahu stammte und in Callao an Bord gekommen war. Seitdem sie mit einem peruanischen Schiffskapitän verheiratet war, hatte sie in Peru gelebt. Das Heimweh nach ihrer Insel war jedoch immer größer statt kleiner geworden, so daß sie mit der PRINCESS LOUISE heimreisen mußte. Sie geriet in eine Art von Ekstase, als sie Oahu von Bord aus wiedersah. Vor Freude heftig weinend, zeigte sie jedem ihre Insel und versuchte ihm alle Einzelheiten zu erklären, die sie erkennen konnte. – Aloha!

Die Sandwich- oder Hawaii-Inseln waren in Europa erst seit 50 Jahren bekannt, als die PRINCESS LOUISE sie 1831 ansteuerte. Die erste Kunde von dieser großen und schönen Inselgruppe hatte der berühmte englische Seefahrer James Cook nach London gesandt, nachdem er auf einer Forschungsreise im Januar 1778 auf den Inseln gelandet war. Die polynesischen Insulaner, die ihn bei seiner Ankunft fast wie einen Gott verehrt hatten, erstachen ihn ein Jahr später, als er nach einer Zwischenreise nochmal zurückgekehrt war; angeblich handelte es sich um ein Mißverständnis.

Die Inselgruppe ist vulkanischen Ursprungs und besteht aus 8 großen und rund 20 kleinen Inseln mit einer Fläche von insgesamt 16600 km^2. Als Cook die Inselgruppe entdeckte, gab es dort eine Anzahl selbständiger Könige und Häuptlinge, doch in den folgenden zwei oder drei Jahrzehnten gelang es dem König Kamehameha, der eine überragende Persönlichkeit war, alle Inseln nach langwierigen Kämpfen unter seiner Herrschaft zu einem einzigen Königreich zu vereinigen, das unter fester Führung in der Lage war, seine Interessen gegen die Kolonialmächte besser zu verteidigen.

Als gemeinsamer König erhielt Kamehameha den Beinamen »der Große« und wurde später Kamehameha I. genannte. Er regierte bis zu seinem Tod im Jahre 1819. Sein ältester Sohn Liholiho wurde sein Nachfolger als Kamehameha II. Während seiner Regierung begann 1820 die Einwanderung von Missionaren aus Nordamerika. Dr. Meyen hat in seinem Buch ausführlich über das Wirken der Missionare geschrieben, aber nichts Gutes. Kamehamehas II. Regierungszeit dauerte keine fünf Jahre. Im November 1823 begab er sich mit einem britischen Schiff auf eine Reise nach London, die diplomatische Gründe hatte. Seine Lieblingsgemahlin Kamamalu und ein kleines Gefolge fuhren mit ihm. Das Schiff erreichte London im Mai 1824; zwei Monate später starben der

König und die Königin an den Masern. Als die Nachricht 1825 in Honolulu eintraf, wurde des verstorbenen Königs 11jähriger Bruder Kauike-aouli als Kamehameha III. inthronisiert; die Regentschaft für den minderjährigen König führte seine Stiefmutter Kaahumanu, die W. O'Swald 1828 ein kluges und verschmitztes Weib nannte.

Als sich die PRINCESS LOUISE 1831 den Sandwich-Inseln näherte, sichtete man am 23. Juni als erste Landmarke den riesigen Vulkan Maunaroa auf der Insel Hawaii, der hoch über die Wolken ragte. Für die Ansteuerung von Honolulu wählte Kapitän Wendt den Weg von NO zwischen den Inseln Morotai und Oahu hindurch. Letztere wurde zuerst am 24.6. frühmorgens von der Bramrah aus gesichtet; kurz nach Mittag ankerte die PRINCESS auf der Reede von Honolulu auf 19 Faden Wassertiefe.

Die Leute an Bord erfreuten sich am Anblick der vielen Kanus, die vom Ufer abstießen, um sich mit Paddel oder Segel in der Brandung zu tummeln, gerade so, wie sie es noch heute tun, besonders wenn ein Schiff mit Passagieren ankommt. Im Schiffsjournal der PRINCESS LOUISE ist am Nachmittag des 24.6. folgendes eingetragen:

»Der Gouverneur von Hononunu, namens John Adams, kam an Bord. Um 3^h nachmittags wurde der König der Sandwich-Inseln von uns durch 17 Kanonenschüsse salutiert, die durch eine gleiche Anzahl Kanonenschüsse von dem Kastell der Stadt erwidert wurden. Hierauf fuhren der Kapitän, Dr. Meyen und mit ihnen auch der General Miller an Land mit der Gick. Sie wurden bei ihrer Annäherung an den Strand durch ein jubelndes Hurrah-Rufen der dort zusammengeströmten Volksmassen begrüßt.«

Dr. Meyen berichtet:

Die Begrüßung war keine spontane Aktion der Eingeborenen, sondern die Menschen waren auf Anordung der Obrigkeit an den Strand gekommen. Die »Obrigkeit«, das waren nach seiner Ansicht der Gouverneur John Adams, der eigentlich Kuakini hieß, und Mr. Bingham, der nordamerikanische Ober-Missionar.

Nach Angabe von Dr. Meyen hatte sich das Königreich der Sandwich-Inseln unter den Schutz Großbritanniens gestellt. Die britische Regierung unterhielt in Honolulu ein Generalkonsulat, und gelegentlich erschien mal ein offizieller Besucher, der Geschenke mitbrachte; aber sehr groß schien das britische Interesse nicht zu sein.

Den jungen König konnte Kapitän Wendt noch nicht begrüßen, da er außerhalb Honolulus weilte. Aber er kam gegen Abend zurück und war nach Rücksprache mit Mr. Bingham bereit, Kapitän Wendt und Dr. Meyen in seinem Hause zu empfangen, so daß der Kapitän ihm noch am Ankunftstag das feierliche Schreiben überreichen konnte, das König Friedrich Wilhelm III. an den offiziellen Herrscher der Sandwich-Inseln gerichtet hatte.

Für den nächsten Tag ist im Journal wörtlich zu lesen: »Des Vormittags wurden dem König der Sandwich-Inseln die für ihn bestimmten Geschenke überbracht.« Außerdem ist aus dem Journal ersichtlich, daß morgens mit dem großen Boot und der großen Schaluppe die leeren Wasserfässer an Land gebracht wurden und daß abends die gefüllten Fässer an Bord zurückgebracht wurden. Noch eine wichtige Eintragung bietet das Journal am 28.6.: »Zu Mittag speiste der Beherrscher der Sandwich-Inseln nebst dem Gouverneur John Adams, dem Ehri Keki [Oberbefehlshaber des Heeres] und mehreren anderen Personen an Bord.« Die Festtafel war an Deck der PRINCESS LOUISE unter einem Zelt aufgebaut.

Die Übergabe der Geschenke an den König der Sandwich-Inseln, die am 25.6. stattgefunden hatte, war eine diplomatische Mission des Kapitäns, die durch die knappe Journaleintragung nicht genügend erklärt und gewürdigt wird. Dr. Meyen, der dabei zugegen war, hat in seinem Buch ausführlich darüber berichtet, so daß auch hier noch etwas mehr darüber gesagt werden kann:

Die PRINCESS LOUISE war zum ersten Mal 1828 in Honolulu gewesen, und damals hatte sich ein freundschaftliches Verhältnis zwischen dem Herrscherhaus und der Schiffsleitung entwickelt. Insbesondere der Supercargo W. O'Swald hatte die Zuneigung des jugendlichen Königs gewonnen, dem er viel von Preußen erzählt hatte, von seinen Königen, von den Freiheitskriegen gegen Napoleon und vom Marschall Blücher. In seiner jugendlichen Begeisterung hatte Kauike-aouli dem Supercargo als Geschenk für den preußischen König einen rot-gelben Federmantel seines Vaters mitgegeben, den jener als Kriegsmantel getragen hatte, als er die Sandwich-Inseln zu einem gemeinsamen Königreich vereinigte. König Friedrich Wilhelm III. hatte sich über das seltene Stück sehr gefreut und wollte sich für das wertvolle Geschenk standesmäßig revanchieren. Großzügig suchte er für die ganze Königsfamilie der Sandwich-Inseln Geschenke aus, die in Kisten verpackt auf die PRINCESS LOUISE gebracht wurden. Kapitän Wendt erhielt den Auftrag, die Geschenke mit einem Handschreiben seines Königs in Honolulu zu überreichen.

Die Geschenke wurden vormittags in Gegenwart einer großen Hofgesellschaft ausgepackt. Besondere Beachtung fanden zwei Porträts von Friedrich Wilhelm III. und Marschall Blücher; dazu kamen eiserne Statuen, die Alexander I., Napoleon, Friedrich den Großen, Marschall Blücher und Friedrich Wilhelm III. darstellten. Für den jungen König persönlich gab es eine Paradeuniform, mit Hut und Federbusch, mit Degen und Sporen dabei sowie ein reiches Sattelzeug. Historische Bilder und noch viele andere Dinge holten Kapitän Wendt und Dr. Meyen aus den Kisten heraus und breiteten sie vor der versammelten Hofgesellschaft aus. Schmuck für die Damen war dabei, seidene Stoffe und feines Leinen, ein modischer Hut und für den Gouverneur John Adams eine Mundharmonika an einem eleganten Stock. Vier Stunden dauerte die Prozedur; es war ein heißer Tag und die beiden schenkenden Herren waren ziemlich »echauffiert«. Aber es gab keine Erfrischungen irgendwelcher Art. Als einige Honoratioren dem jungen König – er war erst 17 Jahre alt – höflich sagten, daß man ihn als den Gastgeber betrachte, antwortete er, daß er nichts anbieten dürfe, die Missionare hätten es ihm verboten.

Das ist kein Witz, sondern der Punkt, über den Dr. Meyen in Honolulu sehr enttäuscht war. Auf der Insel Oahu hatten sich in wenigen Jahren die Missionare sehr breit gemacht, hatten sich Macht angeeignet und waren reich geworden, während die einheimische Bevölkerung verarmte. In Dr. Meyens Buch steht darüber u. a.: »Die Missionare der Sandwich-Inseln sind Nordamerikaner und sie allein sind es, welche von allen Seiten hart angeklagt werden. Sie haben den Wohlstand des Landes untergraben, statt ihn vor Allem zu befördern, sie haben die Gastfreiheit, eine der schönsten Eigenschaften der Natur-Menschen, und die Fröhlichkeit von diesen glücklichen Inseln verbannt, und dagegen eine Religion eingeführt, zu deren Auffassung die Indianer keinen Verstand haben.« Die Missionare verlangten eine strenge Sonntagsruhe nach »Sabbat-Regeln«, so daß es Kapitän Wendt am Sonntag nicht gelang, sich ein Pferd für einen Ausflug zu mieten. Nachts herrschte ein allgemeines Ausgehverbot, das bereits um acht Uhr abends begann. Dr. Meyen war besonders empört, als er sah, daß sich Missionarsfrauen in kleinen Kutschen von eingeborenen Frauen ziehen ließen.

Den König charakterisierte der Arzt folgendermaßen: »Kauike-aouli, der unter dem Namen Kamehameha III. als König der Sandwich-Inseln gekrönt worden ist, war 17 Jahre alt und nicht besonders groß und stark, wahrscheinlich durch den frühen und häufigen Genuß der starken, gewürzhaften und geistigen Getränke so außerordentlich aufgedunsen und kupferfarben geworden, daß man bei uns nicht leicht einen häßlicheren Menschen sehen kann, als er ist. Sein Auge, seine Sprache und sein ganzes Benehmen in der Zeit unserer Anwesenheit zu Oahu verriethen nichts von dem, wodurch einst sein Vater eine so große Herrschaft erworben hatte.« Am ersten Abend, als Kapitän Wendt dem König sagte, er habe auch Geschenke für seine Frau mitgebracht, falls er schon verheiratet wäre, »äußerte er sogleich zu seiner näheren Umgebung, daß er sich jetzt sehr bald verheiraten müsse, da es selbst sein Freund, der König von Preußen, wünsche«.

Solange der König noch nicht volljährig war, fungierte seine Stiefmutter Kaahumanu als Regentin und bezeichnete sich als Königin. Sie war die Witwe Kamehamehas I. und fiel durch ihren riesenhaften Wuchs und ihre königliche Haltung auf, kümmerte sich aber wenig um die Staatsgeschäfte.

Der eigentliche Regent der Sandwich-Inseln war derzeit der bereits erwähnte Gouverneur John Adams, der Bruder der Königinmutter, der mit den amerikanischen Missionaren kollaborierte. Man hatte ihn von der Insel Hawaii nach Oahu geholt, als Boki, der eigentliche Gouverneur von Oahu und anscheinend ein tatkräftiger Mann, im Frühjahr 1830 mit einer Brigg und 360 bewaffneten Kriegern zu einer mysteriösen Handels- oder Kriegsfahrt nach den Neuen Hebriden aufgebrochen war, auf der das Schiff verschollen ist. Die Königinmutter starb im Juni 1832, dadurch wurde der 18jährige König Kamehameha III. offiziell zum Alleinherrscher der Sandwich-Inseln. Er starb 1854, als die Umerziehung der Bevölkerung durch die amerikanischen Missionare schon große Fortschritte gemacht hatte. Dr. Gerrit Judd, einer der Ober-Missionare, wurde 1849 ständiger Berater des Königs in Sachen Frankreich, Großbritannien und U.S.A.

Über das Festessen, das am 28.6.1831 auf der PRINCESS LOUISE stattfand, berichtete Dr. Meyen: Der junge König brachte einen Toast aus auf »The King of Prussia«; die Hochrufe, von Salutschüssen begleitet, hätten nirgendwo freudiger klingen können als auf der PRINCESS LOUISE in Honolulu. Als bald darauf Kapitän Wendt seinen Toast auf den Herrscher der Sandwich-Inseln ausbrachte, donnerten erneut die Kanonen. An dem Festessen an Bord nahm auch General Miller teil, den Kapitän Wendt als seinen ehemaligen Passagier mit Hochachtung behandelte.

Dr. Meyen war, wenn er nicht mit Kapitän Wendt an offiziellen Veranstaltungen und Besuchen teilnahm, viel unterwegs, um möglichst alle Regionen der Insel kennenzulernen und ihre Vegetation zu erforschen, wobei er meistens von Dr. Rooke begleitet wurde, einem liebenswürdigen englischen Arzt. Ohne auf Einzelheiten einzugehen, soll hier nur vermerkt werden, daß Oahu nach den Beobachtungen von Dr. Meyen allen tropischen Pflanzen und Früchten sehr gute Bedingungen bietet, sowohl von der Bodenqualität wie vom Klima her, und daß auch die Zucht von Pferden und von Rindvieh schon damals sehr gute Resultate gezeigt hatte.

Der deutsche Arzt schilderte in seinem Buch die Schönheit und Vorzüge der Insel Oahu mit großer Begeisterung, aber er kam immer wieder auf die politischen und wirtschaftlichen Verhältnisse zurück, die er negativ beurteilte. Macht und Einfluß der amerikanischen Missionare waren nach seiner Meinung schuld daran. Eine kleine Gruppe von französischen Missionaren, die 1827 eingewandert waren, nahm er von seiner Kritik aus und lobte ihre Tätigkeit, da sie auf die Mentalität und die Bedürfnisse der Eingeborenen Rücksicht nähmen. Die Katholiken waren den amerikanischen Missionaren ein Dorn im Auge; sie wollten sie mit Hilfe der Regierung abschieben. Die Ausübung des Gottesdienstes wurde den französischen Missionaren verboten, und die Regierung bat Kapitän Wendt schriftlich, die Missionare nach Europa zurückzubringen, Frankreich läge ja nicht weit von Preußen entfernt. Kapitän Wendt lehnte das Ansinnen ab, zumal er wußte, daß die französischen Missionare entschlossen waren, ihre Stellung auf den Sandwich-Inseln zu halten, so lange es irgendwie ging. – 1837 ordnete Kamehameha III. die Verbannung der katholischen Missionare aus dem Inselreich an; aber es erschien eine französische Fregatte, die die Ausführung des königlichen Befehls verhinderte.

In den 1830er Jahren wurde in Honolulu noch keine Zeitung gedruckt; aber es gab den allgegenwärtigen Stephen Reynolds, der in Honolulu Tagebuch geführt hat, und zwar so sorgfältig, daß man seine Tagebücher später restaurierte und lesbar machte, um sie im Peabody Museum in Salem, Massachusetts, zu archivieren. Sie sind geeignet, eine Lokalzeitung zu ersetzen; deshalb folgt hier ein Auszug über den Aufenthalt der PRINCESS LOUISE in Honolulu im Sommer 1831, um den eventuellen Vorwurf einer einäugigen Betrachtung der Ereignisse zu vermeiden:

Friday, 24 Jun 1831

Beautiful morning. Ship Prinzess Louise, Wendt arrived 33 days from Lima – General Miller an Englishman in Patriot Service passenger. Also Mrs. De'Brot, He having sent her off to get clear of her laying in charges etc. Capt. Wendt brought Presents from King of Prussia to Kauikeaouli. Evening went up to the King's with Mr. Mina, Capt. Wendt & others.

The Ship fired Seventeen guns as a salute which were answered by Gov. Adams – at the Fort.

Saturday, 25 Jun 1831

Beautiful morning. At 10 Capt. Wendt landed the presents sent by the King of Prussia to Kauikeaouli went up with several of the Residents, General Miller & c. An elegant Saddle trimmings & c, Pistols Coat, Panteloons, Hat & Sword same as King of Prussia wears – likeness of His Majesty of Prussia and Prince Blucher. View of Berlin, also a Map – Bonnet & Dress of Scarlet Satin, a superior piece of linen, with a number of views, plans of cities Prints, Busts & c with a number of small Articles.

The King appeared much pleased with the things. Bingham &

DER KÖNIG VON PREUSSEN der Asiatischen Handelskompagnie zu Emden, 1752. (Gemälde von C. Engelien)

Ostindienfahrer MERCURIUS der niederländischen Ostindien-Kompagnie, 1747. (Foto: Foto-Commissie Rijksmuseum Amsterdam)

Vollschiff MENTOR bei Kap Horn. Gemälde, früher im Berliner Schloß. (Aus: Hohenzollern-Jahrbuch 1912)

FRIEDRICH WILHELM III., KÖNIG VON PREUSSEN. (Aus: H. Szymanski: Deutsche Segelschiffe)

Brigg KRONPRINZ VON PREUSSEN. (Aus: J. F. Meuß: Seehandlungs-Institut)

Schoner STRALSUND als Küstenwachtschiff seit 1817. (Gemälde von C. Engelien)

Preußische Flaggen

Preußische Flagge zur Zeit Friedrichs d. Gr.

Preußische Landes- und Handelsflagge ab 1823

Die 1817 eingeführte preußische Kriegsflagge. (Sie wurde bis 1834 auch von den Seehandlungsschiffen geführt.)

Die Flaggen der Seehandlungsschiffe ab 1834

Nationalflagge der Seehandlungsschiffe

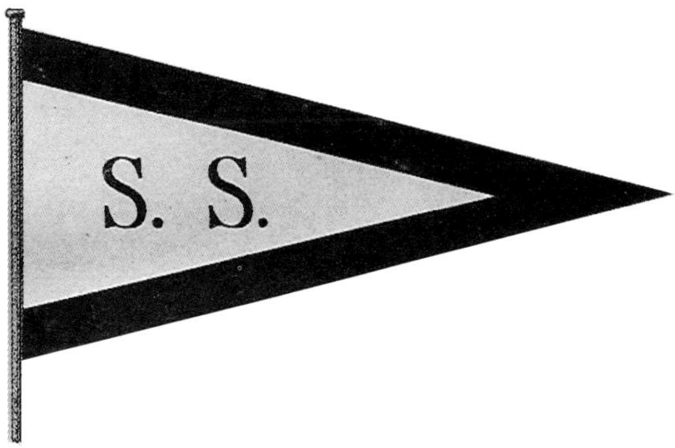

Stander der Seehandlungsschiffe

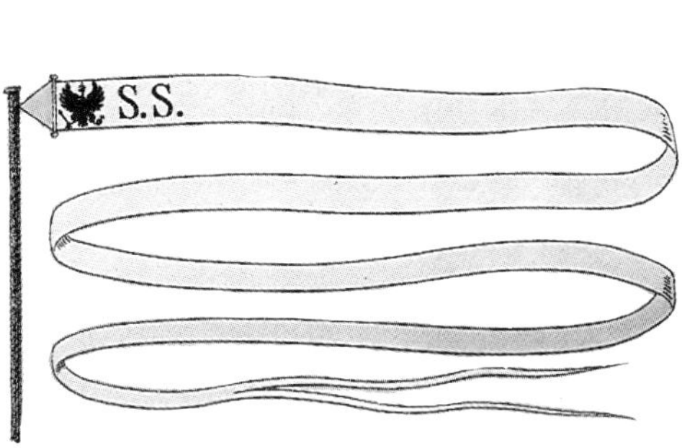

Wimpel der Seehandlungsschiffe

Seehandlungsschiff PREUSSISCHER ADLER, gebaut in Bremen 1845. (Aus: J. F. Meuß: Seehandlungs-Institut)

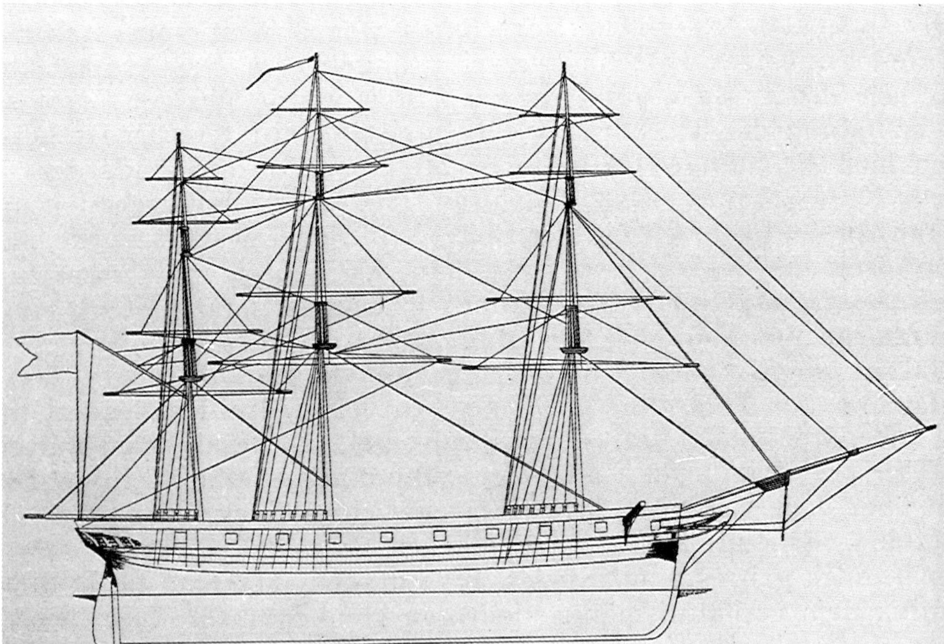

Takelriß des Pinkschiffes MERCUR, 1846/47 in Danzig gebaut. (Aus: H. Szymanski: Deutsche Segelschiffe)

Der Supercargo J. C. H. Wilhelm O'Swald. (Aus: J. C. H. W. Oswald auf seiner ersten Reise um die Welt 1822/24)

Das ehemalige Seehandlungsschiff MERCUR 1852 als Transportschiff der Kriegsmarine. (Gemälde von L. Arenhold)

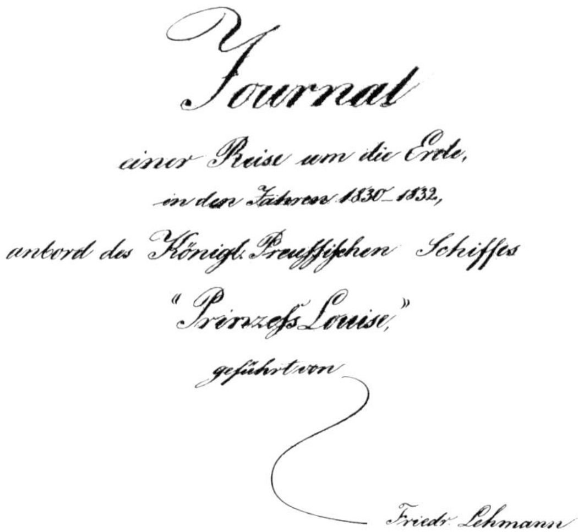

Eintragung auf der ersten Seite des Schiffsjournals der PRINCESS LOUISE

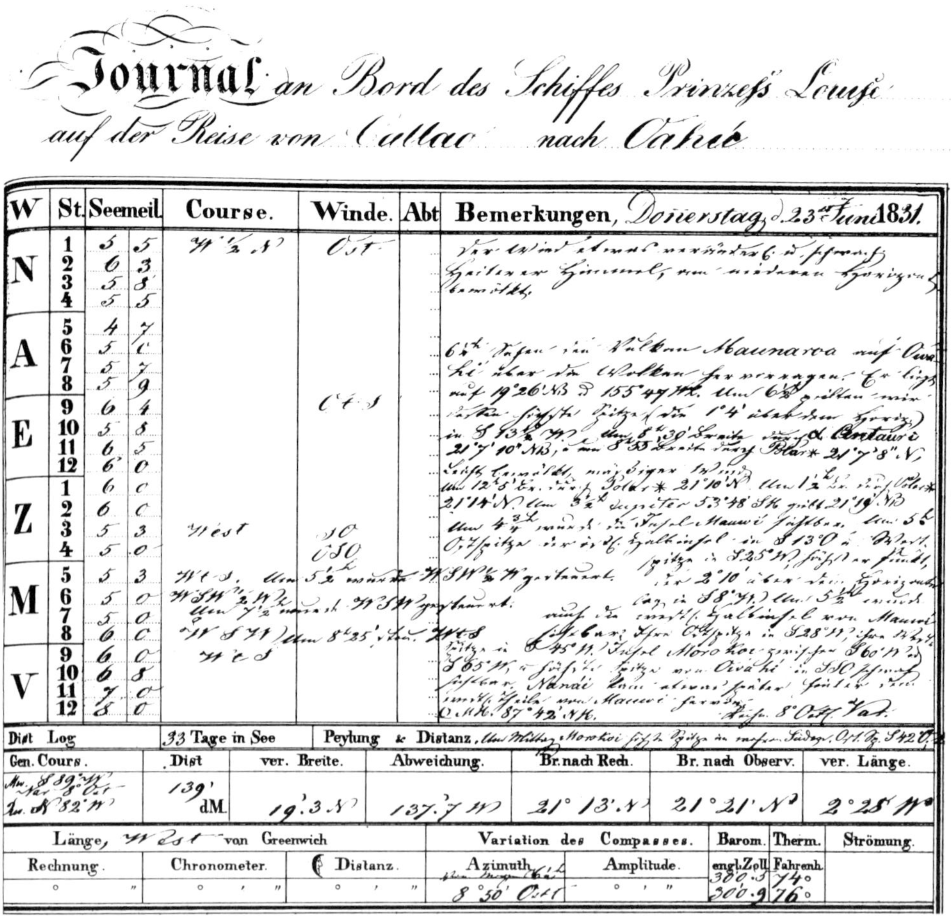

Auszug aus dem Schiffsjournal

PRINCESS LOUISE zu Anker liegend. (Gemälde von C. Engelien)

PRINCESS LOUISE im Sturm. Gemälde im Landesmuseum für Kunst- und Kulturgeschichte (Focke-Museum), Bremen. (Foto: Focke-Museum)

Kapitän Johann Wilhelm Wendt. (Aus: Rothe: Capitän J. W. Wendt, 1882)

PRINCESS LOUISE vor Peru. Gemälde, ehemals im Berliner Schloß. (Aus: Hohenzollern-Jahrbuch 1912)

König Friedrich Wilhelm III.
Gemälde von E. Gebauer.
(Restauriert in Honolulu
um 1980)

Feldmarschall Fürst Blücher. Gemälde von E. Gebauer. (1831 in Honolulu geschenkt, bisher nicht restauriert)

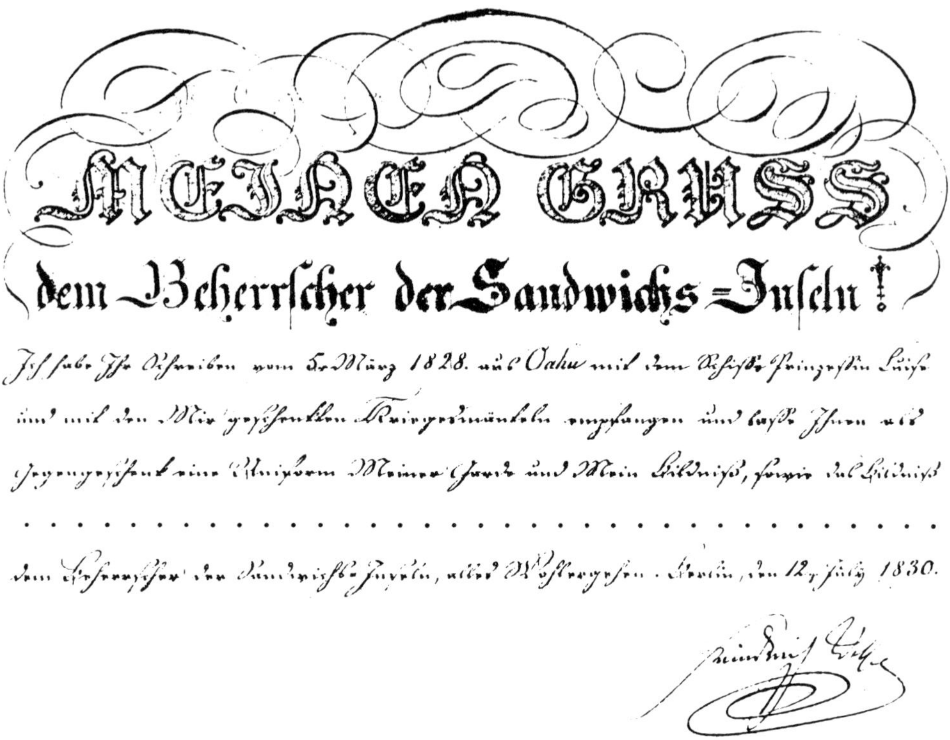
MEINEN GRUSS

dem Beherrscher der Sandwichs-Inseln!

Ich habe Ihr Schreiben vom 5. März 1828. aus Oahu mit dem Schiffe Prinzessin Luise und mit den Mir geschenkten Kriegsmänteln empfangen und lasse Ihnen als Gegengeschenk eine Uniform Meiner Garde und Mein Bildniß, sowie das Bildniß

. . . .

dem Beherrscher der Sandwichs-Inseln, alles Wohlergehen. Berlin, den 12. July 1830.

Friedrich Wilhelm

Details der Handschreiben der preußischen Könige an Kamehameha III.

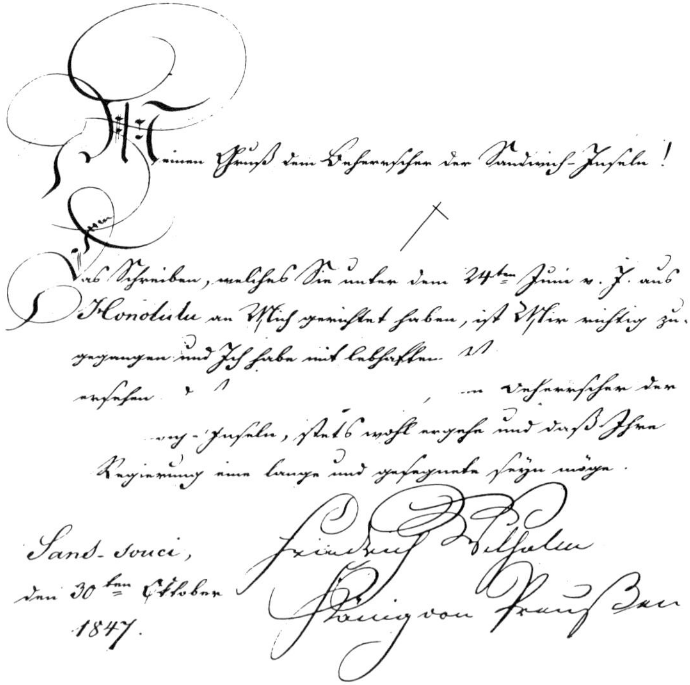
Meinen Gruß dem Beherrscher der Sandwichs-Inseln!

Das Schreiben, welches Sie unter dem 24ten Juni v. J. aus Honolulu an Mich gerichtet haben, ist Mir richtig zugegangen und Ich habe mit lebhaftem ...

ersehen ... Beherrscher der

...ch-Inseln, stets wohl ergehe und daß Ihre Regierung eine lange und gesegnete seyn möge.

Sans-souci, den 30ten Oktober 1847.

Friedrich Wilhelm König von Preußen

XIII

Opiumclipper WATERWITCH, 1831. (Reprod. with the permission of the Trustees of the National Maritime Museum, Greenwich)

Reede von Whampoa, um 1830. (Reprod. with the permission of the Trustees of the National Maritime Museum, Greenwich)

Porträt Friedrich Wilhelms IV., das 1846 nach Honolulu geschickt wurde. Es wurde um 1980 restauriert und hängt jetzt wieder im Speisesaal des Iolani Palace. (Foto: Friends of Iolani Palace, Honolulu)

Englischer Kauffahrer um 1830. (Gemälde von L. Arenhold)

Seehandlungspräsident und Staatsminister Christian von Rother. (Aus: J. C. H. W. Oswald: Bericht über die zweite Expedition um die Welt 1825–1829)

Der Sandwich-Insulaner Harry Maitey. (Aus: Hawaiian Journal of History 1977 nach einer in Preußen gefertigten Zeichnung)

Richards came in also to See & be Seen. Mr. Richards thought he could translate the King of Prussia's letter, for he had a German Dictionary.

Saturday 25

The Painter who painted King's and Blucher's likeness sent a letter tacked on the inside of the box in which the likenesses were, with a number of Prints and Views, which he wished Kauikeaouli to accept, also giving a famous account of the King of Prussia's Piety, his liberality to Missionaries &c. Recommending the King of the Sandwich Islands to take good heed to the Missionaries, & c & c. Bingham got hold of the letter & read it over to the King, Kaahumanu and a lot of listeners...

Doct. Meyen went up on the Mountains for Botanical and Scientific purposes.

Gov. Adams went to French Missionaries and told them there was a ship (the Prinzess Louise) which was going near to France, and they must go in her – They addressed a letter to Capt. Wendt – who declined giving them a passage – or taking them if the passage was paid for.

Sunday, 26 Jun 1831

Pleasant. Capt. Wendt & Doct. Seriere walked up to the Parry. Capt. Cole, Capt. Grimes and Gen. Miller went to church. I dined at the Majors – Docts. Meyen & Rooke returned.

Monday, 27 Jun 1831...

Tuesday, 28 Jun 1831

Fine morning. Becket warped in. Missionary Packet came in from Kauai... At One P.M. The King, Govrs. Adams & Keike – with several King's Boys – Gen. Miller, Capt. Cole, Doct. Rooke (who was not invited) & myself went on board Prinzess Louise to Dinner. The King carried his Uniform & Dressed on Board. A very good time...

Wednesday, 29 Jun 1831

... King did not send an Horse for Doct. Meyen to ride to Diamond Hill, hired John Meek's. Paid two dollars for use of him...

Thursday, 30 Jun 1831

Beautiful morning. Capt. Wendt & myself went to the King in his school. Messrs. Bingham, Richards & Andrews were there looking at the King of Prussia's letter & the translations. Richards took them to the Mission House.

Friday, 1 Jul 1831

Light showers. Called with Capt. Wendt to see Kaahumanu. Thence he went to see Bingham. Dined at Mr. Charltons, with Capt. Wendt, Doct. Meyen, Mr. French, Gen. Miller, Mr. Hill & Cole. Called on the King, on our return – He rode out. Called again in the evening. King said he had written & Bingham had translated it into English. –

Saturday, 2 Jul 1831

Pleasant morning. »Unity« in sight at twelve. Mr. Bingham... brought letters to Capt. Wendt. As soon as dinner Capt. Wendt, Mr. French & Capt. Hinkley went up to the King's. He wanted the Capt. to take the French Missionaries away –– Capt. Wendt told him he would not take them for five thousand dollars ––. Told him to send one of his vessels with them to France and a letter to the King of France, to tell him, that Frenchmen must not live at the Sandwich Islands.

Nach dem Festessen auf der PRINCESS LOUISE war Kapitän Wendts Aufgabe in Honolulu erfüllt. Sein Schiff war segelfertig, und er wartete nur noch auf das Dankschreiben, das er dem preußischen König überbringen sollte. Als der Kapitän nach seiner preußischen Denkweise lange genug gewartet hatte, bat er um eine Audienz und fragte Kamehameha III. nach dem Schreiben. Der Herrscher sagte dem Kapitän, es sei bereits geschrieben und unterschrieben, aber er wisse nicht, wo es geblieben sei. Es dauerte noch zwei Tage, bis Kapitän Wendt es am 2. 7. erhielt.

Noch am selben Tag, nachmittags um 14^{h}, begann man auf der

PRINCESS mit dem Ankerhieven und dem Segelsetzen. ¾ Stunden später verließ das Schiff die Reede mit einem frischen ONO-Wind auf SW-lichem Kurs. Das nächste Ziel war die Mündung des chinesischen Perlflusses bei Hongkong. Auf dem kürzesten Weg dorthin betrug die Entfernung rund 5000 sm; aber die kürzeste Route zu nehmen, ist den Segelschiffen meistens nicht vergönnt. Die PRINCESS LOUISE steuerte im NO-Passat einen westlichen Kurs und hielt sich zwischen 16° und 17° Nordbreite. Der Passat wehte zunächst vortrefflich, und das Schiff erreichte zeitweise eine stündliche Geschwindigkeit von 9–10 sm. Tagsüber wurden fast immer Leesegel geführt, aber nachts ließ der Kapitän sie bergen, um jederzeit manövrierfähig zu sein; denn man kam in ein Seegebiet, in dem man mit unbekannten oder ungenau kartierten Eilanden rechnen mußte. Kapitän Wendt hatte zwei Monatsheuern dem Seemann versprochen, der zuerst ein Stück Land sichten würde, das die Seekarten der PRINCESS nicht verzeichneten; aber er brauchte keine Prämien zu zahlen.

Am 10. 7. wurde auf 16° N der Meridian 180° gekreuzt, und man gelangte somit auf die Osthalbkugel der Erde. Die Navigateure hätten das Datum ändern müssen, so daß auf der PRINCESS ein Tag ausgefallen wäre; aber es geschah nichts dergleichen. Erst bei der Ankunft in China stellte man fest, daß die Chinesen schon einen Tag weiter waren.

Auf der langen Strecke, die man südlich von 20° N absegelte, benutzte man häufig den Polarstern zur Bestimmung der Breite durch Höhenmessungen und zur Bestimmung der Kompaßablenkungen durch Peilungen. Am 13. 7. stand das Schiff NO-lich der Marshall-Inseln auf 16° 02′ N, 171° 45′ O, man suchte dort vergeblich nach einer kleinen Insel, die 5 sm nördlicher, aber auf derselben Länge liegen sollte; man sah nur viele Möwen, die meisten schwarz und einige weiß. Es wehte ein frischer ONO-Wind bei bewölktem Himmel und gelegentlichen Regenschauern.

Vom 23. 7. zum 24. 7. mußte die PRINCESS auf 13° N 146° O einen schweren Sturm abwettern, der nachts aus SSW begann und schließlich aus SSO abflaute. Das Vormarssegel wurde vom Sturm zerrissen. Nachdem die leichten Segel geborgen waren, wurden die Oberbramstengen des Fock- und Kreuzmastes an

Deck gegeben. Wieder drang Wasser durch die Heckfenster in die Kajüte, und Dr. Meyen verlor eines seiner Psychrometer, das im offenen Fenster gehangen hatte. Nach dem Sturm mußte sich Dr. Meyen für längere Zeit mit einer Gelbsucht in die Koje legen; er selber führte die Krankheit auf Angst und Ärger zurück, Angst vor dem Taifun und Ärger über den Verlust des Psychrometers.

In den folgenden Tagen segelte das Schiff zwischen den Marianen und den Karolinen, am 25.7. stand man 90 sm südlich der Insel Guam. Der Wind wehte sehr schwach aus dem SO-Quadranten. Man sichtete in der Ferne einen großen britischen Segler, der südwärts strebte. Der Kapitän hielt ihn für einen Chinafahrer auf der Heimreise, der wegen des SW-Monsuns weit nach Osten ausholen mußte. Die PRINCESS näherte sich dem Gebiet, in dem während der Sommermonate der SW-Monsun vorherrschte, doch merkte man nicht viel vom SW-Wind. In den nächsten 14 Tagen hatte man zwar das typische Wetter des SW-Monsuns mit viel Regen, Gewittern und Böen, aber insgesamt überwogen Winde aus SO-licher Richtung, mit denen man sich auf NW-lichem Kurs langsam dem Balintang-Kanal näherte, durch den die PRINCESS zwischen den Philippinen und Formosa hindurch in das Südchinesische Meer gelangte.

Am 3. August hatte der König in Berlin Geburtstag; auf seiner PRINCESS LOUISE im Pazifik wurde morgens um 8^h die preußische Seehandlungsflagge an der Gaffel geheißt, »und um 12 Uhr Mittags verkündete der Donner der Kanonen in jenen öden Gewässern das fröhliche Fest der Preußen«, so schrieb Dr. Meyen in seinem Reisebericht.

Am 8.8. trieb das Schiff bei Windstille und großer Hitze zwischen den kleinen Inseln, die den Balingtang-Kanal an beiden Seiten säumen. In der folgenden Nacht – es war immer noch windstill und die See spiegelglatt – kam der Steuermann in die Kajüte und weckte den Kapitän mit der Meldung, daß »von der Seite eine hochwogende See ankomme, welche einem Feuermeer gleiche«. Der Kapitän befahl alle Mann an Deck und ließ Segel bergen, weil er nicht wußte, was auf das Schiff zukam. Dr. Meyen hörte ein eigentümliches Rauschen, sah die Spitzen der Wogen herrlich leuchten und fühlte ein Grauen. Es geschah jedoch nichts weiter; im Schiffsjournal steht: »Es war aber nur äußerst heftige Stromkänterung«, heute würde man Stromkabbelung sagen, und dazu gab es starkes Meeresleuchten.

Vom Balingtang-Kanal bis zur Mündung des Perlflusses betrug die Entfernung noch 500 sm, für die die PRINCESS eine Woche brauchte, bei leichten Winden aus wechselnden Richtungen und oft regnerischem Wetter. Am 14.8. morgens nahm das Schiff einen Lotsen vor dem Ästuar des Perlflusses, der auch Kanton- oder Tigerfluß genannt wurde.

Die Absicht, bei der Insel Lintin zu ankern, gab der Kapitän auf, als der Lotse ihm riet, die Bucht Cap-Syng-Mun aufzusuchen, in die vor etwa acht Tagen alle fremden Schiffe von anderen Ankerplätzen geflüchtet seien. Sie hatten um den 7. August herum einen Taifun befürchtet, weil an dem Tag eine Sonnenfinsternis stattfand. Die große Bucht Cap-Syng-Mun befindet sich an der Westseite des Flusses etwa 12–15 sm nördlich von Macao und galt damals als der sicherste Hafen in der großen Mündungsbucht des Perlflusses, deren Einfahrt an der Ostseite von den großen Inseln Lantao und Hongkong begrenzt wird.

Kanton liegt etwa 80 sm oberhalb von Lantao auf 23° Nordbreite; es war bis 1842 der einzige Hafen Chinas, den fremde Handelsschiffe anlaufen durften; nur dort gab es eine kleine Gruppe chinesischer Kaufleute, die privilegiert waren, mit Ausländern Handel zu treiben.

Die PRINCESS erreichte ihren Ankerplatz in Cap-Syng-Mun erst abends, als ihr Kalender den 14. August anzeigte. Den nächsten Tag machte man an Bord zum 16. August, um wieder mit der Umwelt in Gleichtakt zu kommen.

Als die PRINCESS LOUISE in Cap-Syng-Mun eintraf, lag die Hafenbucht voller ankernder Schiffe, darunter die Opium-Flotte der Engländer, über die auf S. 93f noch einiges gesagt wird. Die fremden Schiffe in der Bucht, rund 30 an der Zahl, lockten morgens viele Händler an, die in ihren Booten frische Lebensmittel vom Land und von den Inseln brachten. PRINCESS LOUISE war bald umringt von Booten mit Obst, Gemüse, Eiern und Fischen; alles wurde zu erstaunlich billigen Preisen angeboten, 100 Ananas zum Beispiel kosteten nicht mehr als 1 Piaster. Hunderte von Fischerbooten fuhren täglich zum Fang nach See zu, sie boten mit ihren Mattensegeln einen malerischen Anblick.

Außer der Opiumflotte lagen in der Bucht von Cap-Syng-Mun einige nordamerikanische Schiffe und eine Anzahl von »Country Wallahs«. So nannte man die zumeist rahgetakelten Schiffe, die in Indien gebaut und registriert waren und nur für die Küstenfahrt in Süd- und Ostasien benutzt wurden.

Kapitän Wendt fuhr am 18. 8. zu geschäftlichen Besprechungen nach Kanton und kehrte nach fünf Tagen an Bord zurück. Am Abend des 19. 8. fuhr Dr. Meyen, der noch von der langen Seereise und der überstandenen Gelbsucht geschwächt war, in Begleitung eines Dieners für zwei Wochen nach Macao, wo er sich in Ruhe erholen wollte. Die Fahrt mit dem Passagier-Sampan dauerte etwa 12 Stunden, obgleich die Entfernung nicht mehr als 20 sm betrug.

Die Halbinsel Macao war seit 1557 eine portugiesische Kolonie; die Chinesen hatten den Hafenplatz den Portugiesen geschenkt, weil diese die Seeräuber von der chinesischen Küste vertrieben hatten. Zu der Zeit, als Portugal eine der großen Kolonialmächte war, entwickelte sich Macao zu einem bedeutenden Handelszentrum. Aber das war vorbei, Dr. Meyen fand nur noch ein Symbol gefallener Größe. Die Portugiesen waren zu der Zeit schon so schwach, daß ein chinesischer Mandarin im Auftrag der chinesischen Regierung in Macao Zölle erhob, ohne daß sich Portugal dagegen wehrte. Dr. Meyen war verwundert darüber und schrieb in seinem Buch: »Dieser Zoll, der für das portugiesische Gouvernement besonders schimpflich ist, wird von den Chinesen schon seit einer Reihe von Jahren erhoben, seitdem nämlich die Macht der Portugiesen so sehr gesunken ist, daß sie sich bei den Chinesen nicht mehr in Respekt setzen können; er allein beweist schon, daß Macao nur dem Namen nach den Portugiesen gehört.«

Nahe dem Landeplatz fand Dr. Meyen ein großes Gasthaus, das nach europäisch-indischer Art eingerichtet war. Er stieg dort ab und genoß den herrlichen Ausblick auf die See und die vielen Inseln vor der Küste.

Obgleich Dr. Meyen ohne Empfehlungen nach Macao gereist war, fand er schnell Kontakt mit einigen Engländern, die sich seiner freundlich annahmen. Die East India Company unterhielt in Macao eine große Faktorei, deren Beamte sehr selbstbewußt auftraten und in Macao viel mehr Respekt genossen als die Portugiesen. Auf der großen Reede vor der Stadt durften nur portugiesische und spanische Schiffe ankern, deshalb fiel es auf, als dort ganz unbekümmert eine britische Corvette ihren Anker fallen ließ; sie war von Indien zum Schutz der East India Company geschickt worden. Trotz aller Proteste der Portugiesen und Chinesen blieb die Corvette auf ihrem Ankerplatz im Angesicht der Stadt liegen. Als darauf die chinesische Regierung die Zufuhr von Proviant für die Corvette verbot, schickte die britische Faktorei täglich ein großes Boot mit gehöriger Bemannung, um die Corvette mit Frischproviant zu versorgen. Dr. Meyen schrieb: »In den Händen der Engländer würde Macao ein großartiger Ort werden, der die Chinesen wenigstens zum Respekt gegen die Ausländer zwingen könnte.« Aber daraus wurde nichts, und 1833 mußte die East India Company auf ihre Handelsprivilegien in China verzichten; aber die britische Regierung setzte sich acht Jahre später in den Besitz von Hongkong.

Die Besatzung der PRINCESS LOUISE holte sich am 21.8. vier kleine Fässer voll Trinkwasser an Bord. Nachdem Kapitän Wendt von Kanton zurückgekommen war, begann man am nächsten Tag mit dem Löschen der Kupferladung; danach wurde drei Tage lang Ballast in den Laderaum genommen, wahrscheinlich Sand, und zwischendurch wurde mit dem Boot Frischwasser von Land geholt. Am 31.8. lud man die für Kanton bestimmten Stückgüter in die britische Brigg CHILD HAROLD, die bald nach Kanton gehen sollte. Auch die PRINCESS sollte nach Kanton, um Kolonialwaren für die Heimreise zu laden; aber die Chinesen verlangten sehr hohe Abgaben für das Anlaufen von Kanton. Seit einer Hungersnot vor etlichen Jahren waren davon allerdings diejenigen Schiffe befreit, die Reis nach Kanton brachten. Deshalb sollte die PRINCESS erst eine Zwischenreise nach den Philippinen machen, dort Reis laden und mit dieser Ladung nach Kanton segeln. Kapitän Wendt hoffte, daß diese Rechnung aufgehen würde, obgleich solche Manöver ja immer mit einigen Unsicherheitsfaktoren belastet sind.

Vom Perlfluß nach Manila und zurück

Am 1.9. ging die PRINCESS LOUISE in der Bucht von Cap-Syng-Mun ankerauf, mußte aber nördlich von Lantao wegen völliger Windstille den Anker wieder fallen lassen. Am nächsten Morgen hievte man ihn erneut in der Hoffnung, daß ein bißchen Brise kommen würde. Aber es kam kein Wind, sondern nur Dr. Meyen, dessen Überfahrt von Macao sich durch die Windstille beträchtlich verlängert hatte. Er kam zwar mit der Schaluppe der englischen Faktorei, die ihm der General-Sekretär zur Verfügung gestellt hatte, aber Wind machen konnte auch die Faktorei der mächtigen East India Company nicht. Zusammen mit Dr. Meyen stiegen noch zwei Passagiere mit ihrem Bediensteten auf die PRINCESS über, sie wollten ebenfalls nach Manila. Mittags, nunmehr am 2.9., mußte die PRINCESS wieder ankern, da der Strom sie auf Lantao zu setzte. Erst am nächsten Morgen in aller Frühe kam ein frischer NW-Wind durch, mit dem sich das Schiff von den Inseln frei segeln konnte; um 6^h morgens ging der Lotse von Bord.

Aus dem Journal kann man u. a. folgende Angaben über diese Reise entnehmen: Mit westlichem Wind steuerte man einen südlichen Kurs und stand am Mittag des 4.9. auf 20° Nordbreite. Vormittags war man dem nordamerikanischen Schiff MARTHA begegnet, das sich auf der Fahrt von Manila nach Kanton befand. 5.9.: »Passierten das englische East India Company Schiff DUKE OF SUSSEX, von dem einige Offiziere zu uns an Bord kamen.« In den nächsten Tagen wurde es flau, es gab Etmale von 24, 25, 80 und 23 sm; erst am 10.9. war man auf 15° 38′ N, 116° 59′ O. Am selben Tag wurden drei Stöße eines Seebebens registriert. Am nächsten Tag wehte ein stürmischer Nordwind; die Marssegel wurden doppelt gerefft. Am 12.9. kam die Insel Corregidor in der Einfahrt zur kreisförmigen Manila Bay in Sicht. Der Wind wehte zeitweise aus SO, aus der Bay heraus; auch am folgenden Tag war das Wetter nicht zum Einlaufen geeignet, der Wind wechselhaft, Gewitter und Regen behinderten die Sicht, so daß Kapitän Wendt den ganzen Tag vor der Manila Bay auf und ab stand.

Erst abends, als eine spanische Brigg, anscheinend unter ortskundiger Führung, auf die Einfahrt zuhielt, schloß Kapitän Wendt sich an. Aber die kühnen Schiffer hatten kein Glück; zu unrechter Zeit brach ein starkes Gewitter los, Kapitän Wendt bat die vor ihm segelnde Brigg um Lichtsignale, um ihr folgen zu können. Besser als die Lichtsignale war aber ein starker Blitz, der Kapitän Wendt die segelbergende Brigg in einer harten Böe zeigte, worauf auch er sofort Segel fieren ließ und sein Schiff wendete, um wieder die freie See zu gewinnen. Wie er später erfuhr, wurde auch die Brigg wieder seewärts gewendet; Dr. Meyen sagt in seinem Buch, daß das Gewitter langanhaltend und fürchterlich war.

Am nächsten Tag, dem 14.9., konnte die PRINCESS bei südlichem Wind in die Bay einlaufen. Auf der Insel Corregidor wehte die Königlich Spanische Flagge; ein Beamter ließ sich in einem prächtigen Boot mit 14 Ruderern längsseit bringen, um auf die PRINCESS zu steigen und nach dem »Woher« zu fragen. Ein optischer Telegraph informierte die Leitstelle, die Anweisung gab, daß die PRINCESS bei Cavite ankern solle. Spät abends erreichte Kapitän Wendt einen Ankerplatz nördlich von Cavite. Am nächsten Morgen versegelte er noch näher unter Land und vermurte die PRINCESS in der Nähe des Kastells.

Dort erfolgte anschließend das Einklarieren des Schiffes; dazu stellte Dr. Meyen fest: Der Hafenkapitän und der Hafenarzt kamen an Bord, die Polizei und zuguterletzt auch die Zollbeamten, die zum Teil betrunken waren. Die gesamte Prozedur dauerte stundenlang; die Beamten konnten nur spanisch sprechen und kaum schreiben, sollten aber den gesamten Verlauf der Reise ab Hamburg zu Papier bringen. Die Einreisebestimmungen waren sehr streng, insbesondere gegen Engländer und Nordamerikaner. Die Schiffsleitung wurde angewiesen, nach Ankunft in Manila innerhalb von 24 Stunden dem Generalkapitän und auch dem Teniente Real ihre Aufwartung zu machen. Der Gouverneur stellte Kapitän Wendt Fragen bezüglich der peruanischen und columbianischen Flotte, »deren Besuch man auf den Philippinen recht sehr zu fürchten schien«.

Die Spanier hielten 1831 auf den Philippinen 7000 Mann unter Waffen, davon waren jedoch nur knapp 10% Europäer. Dr. Meyen hatte den Eindruck, daß mehr Geistliche als Soldaten auf den Inseln lebten. Seit 1598 waren die Philippinen ein Erzbistum, und Dr. Meyen bekam zu hören, daß es seitdem ständige Reibereien zwischen Erzbischof und Regierung gäbe.

Schon beim Einlaufen hatte die Besatzung der PRINCESS LOUISE persönliche Bekanntschaft mit den großen Heuschrekken gemacht – sie waren 5 cm lang –, die damals in riesigen Schwärmen auf den Inseln eingefallen waren. Sie hatten einen großen Teil der Reisernte vernichtet, so daß die Regierung ein Ausfuhrverbot für Reis erlassen hatte. 12 Schiffe lagen in der Bay und warteten vergeblich auf eine Reisladung; auch die PRINCESS mußte Manila nach 5wöchiger Wartezeit ohne Reis wieder verlassen.

Mit einem »Velero«, einem Segelboot mit Ausleger, fuhr Dr. Meyen von Cavite nach Manila. Es ging am Zollhaus vorbei, »wo uns die Beamten mit der größten Höflichkeit stundenlang chikanierten«, heißt es in seinem Buch. Er nannte Manila eine sehr schöne Stadt; aber es mißfiel ihm, daß bei der herrschenden Pokkenepidemie die Leichen meistens offen und unbedeckt nach dem Friedhof getragen wurden. Der einzige Gasthof in Manila – in dem Dr. Meyen abgestiegen war – gehörte einem Preußen namens Hampelmann, er stammte aus Tecklenburg. Auf einer der Expeditionen, die Dr. Meyen in gewohnter Weise ins Landesinnere unternahm, erkrankte er an Wechselfieber. Eine Woche mußte er in Manila das Zimmer hüten und kurierte sich mit viel Chinin, das er mit Madeira einnahm. So konnte er den zweiten Anfall verhindern, war aber noch lange sehr geschwächt. Zum Schluß seiner Schilderung vergaß er jedoch nicht, in gewohnter Weise sein Urteil über die Damen Manilas abzugeben: Er meinte, sie seien lässiger und hielten weniger auf Anstand als die Damen in Lateinamerika.

Übrigens ist noch zu erwähnen, daß auf der PRINCESS LOUISE bei Ankunft in Manila wieder der Kalender nicht stimmte; dieses Mal war man einen Tag voraus. Die Datumsgrenze lag damals zwischen China und den Philippinen, weil die Spanier mehr als 200 Jahre lang von Südamerika nach den Philippinen gesegelt waren, ohne einen Tag zu überspringen. In einem Reich, in dem die Sonne nicht unterging, wollte man auch keine Datumsgrenze.

Auf der PRINCESS LOUISE hatte man in Manila den Kalendersprung im Schiffsjournal nicht ausgeführt; denn nach dem Verlassen des Hafens wäre wieder ein Sprung nötig geworden. So gab es im Journal Eintragungen folgender Art: »10. Oktober (Montag). Feierten Sonntag nach dem Beispiel der Bewohner von Manila, die nach ihrer Rechnung zurück sind gegen die Europäer.« Von der Liegezeit in Manila Bay sind noch folgende Eintragungen im Schiffsjournal erwähnenswert:

15.9. »Nahmen alle unsere Fleisch- und Speckfässer an Deck und wuschen sie ab.« Am nächsten Tag hieß es »...stauten den Proviant.«

18.9. »Schickten drei Probekisten nach Manila.«

19.9. Segel trocknen und abschlagen.

Während das Schiff bei Cavite lag, war die Mannschaft hauptsächlich mit Überholungs- und Konservierungsarbeiten an der Takelage beschäftigt. Zu dem Zweck nahm man alle Rahen, einschließlich der Fock-, Groß- und Kreuzrah, und außerdem die oberen Stengen an Deck. Was nicht an Deck gegeben wurde, pflegte man an Ort und Stelle durch Labsalben, Schmieren und Ausbessern. Die Zimmerleute kalfaterten die Nähte der Planken, sowohl an Deck wie auch an den Außenseiten des Schiffes.

23.9. »Löschten die für Manila bestimmten Waaren.«

6.10. Morgens kam der Kapitän an Bord. Nahmen einen Anker auf und schlugen Segel unter. 1^{h} nachmittags hievten den anderen Anker und segelten mit WNW-Wind nach Manila, wo wir um 5^{h} nachmittags zu Anker gingen.

7.10. »Morgens nahmen ein Casco voll Ballast.« Am nächsten Tag kam noch ein Casco Ballast; außerdem wurden die leeren Wasserfässer an Land gegeben, die am 9.10. nachmittags gefüllt wieder an Bord geliefert wurden.

13.10. »Bekamen ein Boot voll Brennholz, Ochsenhäute und Hörner nebst verschiedenem Proviant an Bord.«

16.10. (Sonntags): Passagiere kamen an Bord, mittags auch der Kapitän und Dr. Meyen.

17.10. Gingen frühmorgens unter Segel und steuerten westlichen Kurs bei flauem östlichem Wind.

Die Winde blieben noch tagelang schwach und unstet, doch überwogen bereits die Windrichtungen aus dem nördlichen Halbkreis; der SW-Monsun war zu Ende. Am 23.10. wurde der nördliche Wind nachts stürmisch; man machte kleine Segel, und am nächsten Morgen wurden auch die Fock und der Besan geborgen, dafür schlug man das Vor-Stengestagsegel an, das als Sturmsegel bis zuletzt stehen bleiben konnte. Kapitän Wendt war sich klar darüber, daß ihm die Begegnung mit einem Taifun bevorstand. Mittags am 24.10. entschloß er sich, sein Schiff durch Halsen auf den Backbord-Bug zu legen; denn er rechnete damit, daß der Sturm irgendwann im Uhrzeigersinn drehen würde. Nach dem Halsen im schweren Sturm lag das Schiff auf WNW-Kurs, hatte aber 6 Strich Abtrift [1 Strich = 11°].

Im Logbuch steht an diesem Tag: »Hatten das dichtgereffte Groß-Marssegel und Groß-Gaffelsegel bei. Oberbramstenge, Vor- und Kreuzbramrah und Außenklüverbaum an Deck. Sturm und See zunehmend. Groß-Bramrah an Deck. Das Schiff schlängerte heftig und nahm viel Seewasser an Deck. Bewölkt, zuweilen Regen.« Am nächsten Vormittag wurden die Kreuzrahen backgebraßt. In das Journal wurden stündlich 1½ sm als zurückgelegte Distanz eingetragen, dazu 7 Strich Abtrift, daraus ergab sich für den Mittagsort eine Breite von 15° 34′ N. Wörtlich steht am 25.10. im Journal: »Der Sturm wurde zum Orkan, der sich jedoch nach kurzer Zeit ermäßigte. Groß-Marssegel festgemacht. Verloren unser Whale Boot durch die hohe See.« Im Laufe der Nacht drehte der Sturm von NNO auf Ost, wie der Kapitän es nach dem Halsen gehofft hatte. An Deck entstanden verschiedene Schäden, die das Journal nüchtern vermerkt. Dr. Meyen hat aufgezeichnet, daß man an das Kappen der Masten gedacht habe; zwei Tage lang gab es kein Herdfeuer in der Kombüse.

Am 26.10. wehte immer noch der schwere Sturm, der nun langsam weiter auf SSO drehte. Eine gewaltige Brechsee schlug die Heckschaluppe fort. Und es regnete jetzt ununterbrochen. Erst am 27.10. flaute der Sturm ab, und auf der PRINCESS begann man Segel zu setzen. Mittags trieb das Schiff in völliger Windstille. Wie man später erfuhr, hatte der Taifun, den die PRINCESS dank guter Seemannschaft glimpflich überstand, in Manila schwer gewütet und 23 Schiffe auf den Strand der Bay getrieben.

Nachdem sich die atmosphärischen Verhältnisse im Südchinesischen Meer nach dem Taifun wieder normalisiert hatten, wehten die Winde vornehmlich aus dem NO-Quadranten. Der winterliche NO-Monsun nahm jetzt die Zügel in die Hand und erschwerte der PRINCESS die Fahrt nach Norden, denn er zwang sie mehrmals zu Kreuzschlägen gegen starken Gegenwind. So brauchte sie nach dem Taifun noch fast 10 Tage, bis sie mittags am 5.11. die Mündungsbucht erreichte. Es wehte ein steifer ONO-Wind; der Lotse ließ lange auf sich warten und kam erst um 2^h nachmittags, nachdem die PRINCESS seinetwegen Kanonenschüsse abgefeuert hatte. Da der Wind gegen Abend abflaute, erreichte sie erst um 10^h abends einen Ankerplatz westlich der Insel Lintin, die 8 sm NW-lich von der Insel Lantao liegt.

Bei der Insel Lintin lag die PRINCESS wieder in der Nachbarschaft der englischen Opium-Flotte, mit der sie schon bei Cap-Syng-Mun »gebürt« hatte. Es waren rund 20 stattliche Schiffe, die das Opium von Indien holten. Opium nach China zu bringen, war ein gutes Geschäft mit großen Zuwachsraten; von 2000 Kisten zu Beginn des Jahrhunderts war die Einfuhr von indischem Opium auf ein Vielfaches im Jahr 1830 gestiegen, obwohl die chinesische Regierung die Opiumeinfuhr bei Androhung der Todesstrafe verboten hatte. Die Honourable East India Company hatte Handel und Transport organisiert, und es lief alles wie am Schnürchen, trotz der Todesstrafe, die ja nur vollstreckt werden konnte, wenn man der Täter habhaft wurde. Dr. Meyen hatte sich für die Angelegenheit, die sich in der Mündungsbucht vor seinen Augen abspielte, sehr interessiert und mit seinen englischen Bekannten darüber gesprochen, so daß er in seinem Buch zuverlässige Angaben machen konnte. Das aus Indien stammende Opium galt als das hochwertigste; es kostete doppelt so viel wie das aus der Türkei. Einen besonders guten Ruf hatte das Opium, das aus Benares oder Patna kam. Es wurde in Kisten von etwa 60 kg Gewicht verschickt, und für eine Kiste »Benares« zahlte man im Dezember 1831 in der Perlflußmündung 940 Piaster. Die Schiffe der Opium-Flotte waren mit Kanonen bestückt und mit 60–90 Laskaren sehr gut bemannt, so daß sie keine Angriffe zu befürchten hatten. Sie ankerten gemeinsam in der Mündungsbucht, wo das Opium an die chinesischen Schmugglerboote abgegeben wurde, die es dann flußaufwärts nach Kanton brachten. Die Schmugglerboote waren mit 50 bis 60 Ruderern besetzt und außerdem besegelt; sie waren also sehr schnell, und es hieß, die Fahrzeuge der chinesischen Marine seien nicht schnell genug, um die Schmuggler auf dem etwa 75 sm langen Weg bis Kanton fassen zu können. Dr. Meyen sagte dazu, die Marine könne sie nicht fassen, weil einige einflußreiche Mandarine es nicht wollten; denn sie bereicherten sich an dem Schmuggel.

Die englische Leitung des Opiumhandels befand sich inmitten der Opium-Flotte auf dem »Depositum-Schiff«, von dem sich die Schmugglerboote die Kisten abholten, nachdem sie eine Bescheinigung des Kaufmanns in Kanton abgegeben hatten. Die übrigen Opiumschiffe gaben ihre Ladung baldmöglichst auf das Depotschiff, von dem sie dann für die Rückreise nach Indien ausgerüstet wurden.

Im Schiffsjournal der PRINCESS wurde am 7.11. eingetragen: »Der zweite Koch bekam die Pocken«; es fehlen jedoch weitere Angaben über das Schicksal des Chr. Garres. Höchstwahrscheinlich wurde er nach Macao in ein Isolierhospital gebracht. Bei Ankunft des Schiffes in Hamburg war Garres jedenfalls nicht an Bord.

In der Nähe der PRINCESS LOUISE lag die holländische Brigg MERCURIUS mit einer Ladung Reis von Batavia. Das war eine Gelegenheit für die PRINCESS, doch noch zu einer Reisladung zu kommen, die ihr die hohen Gebühren für Kanton ersparen konnte. MERCURIUS war bereit, 2000 Sack Reis abzugeben, für einen guten Preis natürlich. Die Übernahme der Reissäcke auf dem Ankerplatz bei Lintin erfolgte folgendermaßen: Frühmorgens am 8.11. lichtete die PRINCESS ihren Anker und ließ sich mit dem Ebbstrom in die Nähe der MERCURIUS treiben, wo sie den Anker wieder fallen ließ und das Stillwasser abwartete, um sich längsseit des Holländers zu holen. Bis zum Abend hatten sie 1000 Sack übernommen. Am nächsten Tag wurde so weitergemacht, bis mittags Seegang oder Dünung so stark wurden, daß die beiden Schiffe nicht mehr längsseit voneinander liegen konnten. Die

PRINCESS LOUISE löste die Verbindung und ankerte in 100 m Abstand, der Comparador Thomsen brachte den Rest der Ladung mit seinen beiden Leichterfahrzeugen bis 20 h auf die PRINCESS. Laut Journaleintragung hatte sie insgesamt 2008 Säcke voll Reis übernommen. Rätselhaft ist, wie dasselbe Schiff zehn Tage später 2223 Sack Reis löschen konnte. Faule Tricks auf einem Königlich Preußischen Seehandlungsschiff sind eigentlich unvorstellbar; vielleicht wurde nur das Journal etwas sorglos geführt. Jedenfalls ersparte der Reis an Bord der PRINCESS LOUISE die hohen Abgaben, die fremde Schiffe für das Anlaufen von Kanton an die chinesische Verwaltung normalerweise zahlen mußten.

Für die Fahrt flußaufwärts war allerdings für jedes Schiff noch ein Paß vonnöten, der bei dem Mandarin in Macao beantragt wurde und der beim Passieren der Bocca Tigris vorgelegt werden mußte. Durch die Bocca fließt der etwa 1 sm breite Perlfluß in die große Mündungsbucht, die 20 bis 30 sm breit ist. Fremde Schiffe durften seit 1745 nicht mehr bis Kanton flußaufwärts fahren; aufgrund einer Kaiserlichen Order endete für nicht-chinesische Schiffe die Fahrt 15 sm unterhalb Kantons bei der Insel Whampoa, wo sich in der Nähe einer gleichnamigen Ortschaft eine große Reede für den Warenumschlag befand. Unterhalb Whampoas hatten die Schiffe zwei Barren mit etwa 5 m Wassertiefe zu passieren, bevor sie in der Bocca Tigris zum Ausklarieren ankern mußten. Über den Schiffsverkehr bei Whampoa im Jahre 1830 hat Dr. Meyen einige Zahlen zusammengetragen. Danach waren an den insgesamt 146 Abfahrten fremder Schiffe folgende Flaggen beteiligt:

Britische Schiffe der East India Company	21
Britisch-Indische Country Wallahs	50
Nordamerikaner	25
Spanier	26
Portugiesen	11
Franzosen, Dänen, Niederländer, Deutsche	12
Sandwich-Inseln	1

Weiter sagt Dr. Meyen über den Verkehr nach dem Canton River, daß die Segelschiffe von Europa früher nur eine Rundreise im

Jahr gemacht hätten, so daß sie ausgehend den SW-Monsun und heimkehrend den NO-Monsun nutzen konnten. Wörtlich fährt er fort: »Jetzt hat sich dieses Verhältnis umgestaltet; denn nachdem die Schiffsbaukunst und die Nautic in einem so hohen Grade sich vervollkommnet haben, seitdem gehen zu jeder Jahreszeit die Schiffe nach Kanton und kehren auch zu jeder Jahreszeit wieder zurück.«

Allerdings, wenn man sich die Zahlen für die britischen Schiffe im Jahre 1832 betrachtet, die Dr. Meyen für die einzelnen Monate aufschlüsseln konnte, so erkennt man, daß die Segelschiffe noch nicht so vervollkommnet waren, als daß die Richtung des Monsuns gar keinen Einfluß mehr auf ihre Reisen gehabt hätte:

Von 86 Ankünften entfielen 15 auf den NO-Monsun, 71 auf den SW-Monsun,
von 84 Abfahrten entfielen 49 auf den NO-Monsun, 35 auf den SW-Monsun.

Es wurden die Monate November bis April dem NO-Monsun, Mai bis Oktober dem SW-Monsun zugerechnet.

Die Fahrt der PRINCESS LOUISE von Lintin nach Whampoa war mühsam, da der Wind ständig aus nördlicher und NO-licher Richtung wehte und die Gezeitenströme auch nicht immer förderlich waren. Nachmittags am 10.11. war der Steuermann Moeller von Macao an Bord zurückgekehrt und hatte den Lotsen gleich mitgebracht. Obgleich das Schiff segelfertig war, mußte man vor Anker liegen bleiben, weil der Wind nicht ausreichte, um gegen den Ebbstrom zu segeln. Erst am nächsten Morgen um 10^h wurde die Fahrt angetreten; unterwegs mußte man mehrmals ankern, so daß man die Reede von Whampoa erst am Vormittag des 14.11. erreichte.

Am Tag zuvor hatte die PRINCESS LOUISE die Bocca Tigris passiert, wo die alten Kastelle standen, die die Stadt Kanton gegen kriegerische und räuberische Überfälle verteidigen sollten. Angeblich waren sie mit 300 Kanonen bestückt, die man aber auch damals schon zu den älteren Modellen der Artillerie rechnen mußte. Dr. Meyen hatte von seinen englischen Bekannten erfahren, daß die Kastelle nur noch einen geringen Verteidigungswert hatten; schon mehrmals in den vergangenen Jahren waren sie von britischen Kriegsschiffen gegen den Willen der chinesischen Obrigkeit passiert worden. Das erste Mal geschah es 1817, als die britische Fregatte ALCESTE flußaufwärts segeln wollte, man ihr aber den Paß verweigerte. Als sie es dann ohne Paß versuchte, eröffneten die chinesischen Kanonen das Feuer. Nach britischer Art erwiderte die ALCESTE das Feuer mit größtem Nachdruck und dem Erfolg, daß die chinesischen Kanoniere die Flucht ergriffen.

1834 kam es in der Bocca Tigris erneut zu Schießereien, als sich zwei britische Kriegsschiffe die Durchfahrt ohne Paß erzwangen, nachdem chinesische Beamte einen britischen Lord in hoher Position brüskiert hatten. Widrige Winde behinderten die Schiffe in der »Bogue«, und die Kanonen der Chinesen waren dieses Mal nicht ganz wirkungslos. Auf den Schiffen gab es zwei Tote und sechs Verwundete; aber die Schmach war getilgt.

Dr. Meyen hatte die Fahrt der PRINCESS LOUISE nach Whampoa nicht mitgemacht. Als ihm die Ankerliegerei vor Lintin zu langweilig wurde, ließ er sich von einem portugiesischen Segelboot nach Macao bringen und fand dort einen nordamerikanischen Schoner, mit dem er nach Kanton segeln konnte. Nachdem er sich einige Tage in der großen Stadt umgesehen hatte, kehrte er auf die vor Whampoa liegende PRINCESS zurück. Er beschrieb Kanton folgendermaßen:

Die Stadt war dichtbevölkert, und auf dem Perlfluß vor Kanton lagen mindestens 10000 Sampans, auf denen Chinesen mit ihren Familien lebten. Es war nicht nur eine Stadt von Häusern, sondern auch von Wohnbooten. In der chinesischen Oberschicht herrschte hohe Kultur und Reinlichkeit; in den Volksmassen dagegen fiel ein großer Fremdenhaß auf. Europäer wurden aus der Menge heraus oft mit dem Wort »Fanqua« beschimpft, das die Bedeutung »weißer Teufel« hat. Abends wurden die Europäer nicht nur beschimpft, sondern gelegentlich auch mit Steinen beworfen. In der Stadt war wenig Polizei sichtbar, und nach Dr. Meyens Meinung brauchten die Chinesen auch nicht viel davon, weil sie friedfertig und feige seien.

Über Begegnungen zwischen Chinesen und Weißen auf dem Perlfluß berichtet Dr. Meyen: »Fährt man an einem chinesischen Fahrzeug vorüber, so wird man ständig insultiert. ›Fanqua! Fanqua!‹ rufen sogleich die Kinder und nicht selten auch die Erwachsenen, indem sie dazu mit ihren Händen die Bewegungen machen, welche der Scharfrichter bei dem Kopfabschneiden nach ihrer Landessitte beobachtet. Das Wort Fanqua... bekommt man, selbst bei einem kurzen Aufenthalt in China, wohl Tausendmal zu hören; wenn man aber alsdann von dem Boote aus mit einem Stocke droht, oder nur Miene macht, das Boot nach ihrem Schiffe zu wenden, selbst wenn es auch noch so groß ist, so ergreifen diese feigen Menschen sofort die Flucht. Die Fremden betragen sich aber auch in diesem Lande höchst übermüthig, und nur die Feigheit und die entsetzliche Ehrlosigkeit des Chinesischen Volkes macht es begreiflich, daß man so etwas daselbst duldet.«

Was Dr. Meyen über die Spannungen zwischen den Chinesen und den Fremden geschrieben hatte, war nicht übertrieben. Es wurde bestätigt durch einen ausführlichen Artikel, der im April 1832 im Hamburgischen Correspondenten erschien, und zwar aufgrund von Informationen, die der Zeitung vom 10. Dezember aus Kanton zugeschickt worden waren. Daraus war zu entnehmen, daß der Gouverneur der Kanton-Provinz zur Audienz beim chinesischen Kaiser in Peking gewesen sei. Auf Befragen habe er der Kaiserlichen Majestät berichtet, daß die Einwohner seiner Provinz außerordentlich frech und aufsässig gegenüber den Fremden seien, woraus sich dann wieder ein ungehorsames Betragen der Fremden ergäbe. Um die Spannungen nicht zu verschärfen, habe der Gouverneur dem Kaiser zur Milde geraten. Trotzdem sei die Bewegungsfreiheit der Fremden in Kanton eingeschränkt worden, und in der Nähe der Stadt habe eine große Militärparade der Chinesen stattfinden sollen. Durch diese Maßnahmen seien die Europäer in Kanton beunruhigt worden. Über die britische Haltung schrieb die Hamburger Zeitung nach dem Bericht vom 10. Dezember folgendes: »Alle Europäer bemühen sich, von hier wegzukommen, da bereits drei englische Kriegsschiffe in Macao angekommen sind, welche Anzahl noch um ein bedeutendes verstärkt werden soll. Der Admiral Owen wird jeden Augenblick erwartet, und nach seiner Ankunft werden die Engländer Genugthuung für die zuletzt erfolgten Beleidigungen fordern. Man kann also annehmen, daß wenn das Feuer einmal ausbricht, es den hier bleibenden Europäern hell genug zu ihrem Untergang leuchten werde.«

Wenn man diesen Bericht vom 10. Dezember 1831 liest, könnte man denken, daß die PRINCESS LOUISE am 12. Dezember noch gerade rechtzeitig den Canton River verlassen hätte. Doch das Feuer brach dieses Mal noch nicht los, sondern erst einige Jahre später, als 1839 der chinesische Kaiser Tao Kuang den Kampf gegen die Opiumsucht so energisch aufnahm, daß daraus der berüchtigte Opiumkrieg zwischen China und Großbritannien entstand. Er zog sich zwei Jahre hin, bis das Kaiserreich China zum Nachgeben gezwungen wurde. Der Friedensvertrag von Nanking im Jahre 1842 war der erste der sogenannten »ungleichen Verträge«, die China in den folgenden Jahrzehnten immer wieder abschließen mußte, wenn es von den »weißen Teufeln« oder »Barbaren« zum Nachgeben gezwungen wurde.

Der Kaiser hatte damals ein neues Gesetz erlassen, das nicht nur die Opiumhändler und -schmuggler mit der Todesstrafe bedrohte, sondern auch die Opiumkonsumenten, die Opiumimporteure und jedermann, der versuchte, Mohn zur Gewinnung von Opium anzubauen. Um dem Gesetz Nachdruck zu verleihen, sandte der Kaiser einen Kommissar nach Kanton, um wirksame Maßnahmen einzuleiten. Der Kommissar hatte Mut und Energie und zwang die Engländer 1839, ihm 20263 Kisten Opium im Wert von 2500000 £ abzuliefern, das er öffentlich vernichten ließ.

Für die Briten war das ein Kriegsgrund; das lohnende Opiumgeschäft wollten sie sich nicht nehmen lassen. Zu ihrem eigenen Schutz zogen sie sich auf die Insel Hongkong zurück, die nur von zweitausend Bauern und Fischern bewohnt war, und bereiteten Gegenaktionen vor. In den Jahren 1840/42 kam es zu Kämpfen bei Kanton, Kiangsu, Tschekiang und Fukien, in denen die Briten dank ihrer besseren Waffen siegten. Dann erschien eine britische Flotte auf dem Yangtsekiang vor Nanking, wo der Friedensvertrag unterschrieben wurde. Großbritannien setzte seine Forderungen durch: Es erhielt Hongkong und das Recht auf Opiumeinfuhr; außerdem mußte China die Häfen Amoy, Foutchou, Ningpo und Shanghai zusätzlich zu Kanton für fremde Schiffe offen halten. In diesen offenen Häfen mußten die fremden Schiffe geschützt und nicht nur geduldet werden.

1856 waren die Spannungen wieder so groß geworden, daß die Briten erneut die Forts an der Tigermündung stürmten. Im folgenden Jahr verbündeten sich die Franzosen mit den Briten, und beide Nationen schickten Expeditionskorps in das nördliche China, wo es zu harten und grausamen Kämpfen kam. Der Friedensvertrag von Peking beendete den Krieg im Oktober 1860 mit Vorteilen für »die weißen Teufel«. – Preußen unterzeichnete im September 1861 in Tientsin einen Handelsvertrag mit China, der 1863 in Shanghai ratifiziert wurde.

Die PRINCESS LOUISE lag vier Wochen vor Whampoa, um die Ladung für die Heimreise zu übernehmen. Es gab während dieser Zeit eine Epidemie an Bord, über die Dr. Meyen berichtet hat (siehe unten). Was sonst noch an Bord geschah, ist aus dem Journal zu entnehmen:

Am ersten Tag nach der Ankunft wurde das laufende Tauwerk ausgeschoren, wahrscheinlich um es vor Diebstahl zu schützen. In der ersten Woche waren täglich 7 chinesische Zimmerleute an Bord, für die es anscheinend viel Arbeit gab. Da nach einigen Tagen auch noch Pechschraper erwähnt werden, haben die Zimmerleute wahrscheinlich kalfatert; denn das Pechschrapen schließt die Arbeit des Kalfaterns ab. Als die Zimmerleute und Pechschraper nicht mehr kamen, erwähnt das Journal täglich einen Stauer und 6 Schauerleute (Ladungsarbeiter), die an Bord beschäftigt waren. Am 19. und 21. 11. wurden 2223 Sack Reis gelöscht. In den folgenden Tagen löschte man den Ballast mit dem Boot, und der Laderaum wurde zur Aufnahme der Ladung vorbereitet. Die erste Ladung kam am 26. 11. und bestand aus eingemachtem Ingwer; in den nächsten Tagen wurden Ingwer und Tee angeliefert. Es fehlen vollständige Angaben über die Ladung, die zum größten Teil aus Tee bestand. Kapitän Wendt hatte 525 Maßtonnen Tee gekauft, entsprechend 5250 Kisten à 34 kg. Die letzte Ladung kam am 10. 12., am selben Tag wurde auch der Proviant übernommen. Als man das Schiff am nächsten Tag seeklar machte, mußten die Kreuzwanten sowie die Bram- und Oberbrampardunen neu gesetzt werden. Am 12. 12. verließ die PRINCESS LOUISE die Reede von Whampoa und den Canton River.

Wie schon erwähnt, grassierte auf der PRINCESS eine ernste Krankheit, die auch auf den anderen Schiffen auf der Reede von

Whampoa auftrat. Dr. Meyen bezeichnete sie als Wechselfieber und gab folgende Symptome an: Heiserkeit, Schluckbeschwerden, Kopfschmerzen, starker Durst; oft kamen noch hinzu: Lungenentzündung, Raserei und Krämpfe, manchmal auch braune und blaue Flecken auf der Haut. Alle 30 Mann der PRINCESS-Besatzung erkrankten bereits innerhalb von 14 Tagen nach Ankunft vor Whampoa und waren mehr oder weniger lange arbeitsunfähig; aber es gab keine Todesfälle wie auf manchen Schiffen, die in der Nachbarschaft lagen.

Dr. Meyen kurierte seine Patienten mit Hilfe des Aderlasses, den er für sehr wichtig hielt, und »schonte die Blutegel nicht«, wie er sich ausdrückte. Außerdem gab er ein Brechmittel und danach reichlich Chinin mit Madeira-Wein. Alle Patienten auf der PRINCESS LOUISE wurden schnell geheilt, schrieb er, und fügte sarkastisch hinzu: »Die Ärzte auf den übrigen Schiffen litten an einer Blutscheu und ließen dann auch täglich einen bis zwei Menschen begraben.«

Als Vorbeugung gegen das sogenannte »Wechselfieber« empfahl Dr. Meyen Vermeidung von Erkältungen, gute Diät, dazu gehörten der Genuß von sehr guten Weinen und Bier sowie vielen Apfelsinen. Heute würden die Ärzte die geheimnisvolle Krankheit wohl anders therapieren; aber die Maßnahmen Dr. Meyens waren anscheinend auch hilfreich. Übrigens führte er die massenhaft auftretenden Erkrankungen darauf zurück, daß die Leute vorher 8 Monate in den Tropen waren und nun plötzlich dem harten Klima des NO-Passats ausgesetzt wurden, mit sehr kalten Nächten und heißer Sonne am Tage.

Dr. Meyen war anscheinend ein Teetrinker, von denen es damals in deutschen Landen nur wenige gab. Er schätzte »die heilbringende Kraft des Tees, wenn er stark und in großen Mengen getrunken wird«, und er wußte, daß die PRINCESS LOUISE eine ausgezeichnete Teesorte geladen hatte, die als Se-ow-chong-Tee bezeichnet wurde. Er wußte auch, daß der Tee, den gutsegelnde Schiffe in luftdichter Verpackung in 120 Tagen nach Europa brachten, viel besser schmeckte als der »Karawanen-Tee«, der auf dem Weg durch Rußland viel länger unterwegs war.

Erst durch die Seehandlungs-Schiffe seien gute Teesorten nach Deutschland gekommen, schrieb Dr. Meyen, so daß sich in den letzten zehn Jahren der Teekonsum in Deutschland gesteigert habe. Den meisten Tee für das kontinentale Europa brachten damals nordamerikanische Segler, während die Schiffe der Honourable East India Company das Vorrecht hatten, die vielen Teetrinker auf den Britischen Inseln mit dem begehrten Genußmittel zu versorgen.

Die Heimreise via St. Helena

Der folgende Bericht über die Heimreise basiert fast nur auf den Angaben des Schiffsjournals; denn Dr. Meyen hat für diesen Reiseabschnitt leider keinen Bericht in sein Buch aufgenommen, abgesehen von den Tabellen über seine Temperaturmessungen und der Beschreibung eines Ausflugs auf der Insel St. Helena.

Als die PRINCESS LOUISE morgens um 9^h am 12.12.1831 die Reede von Whampoa verließ, wehte ein mäßiger NNO-Wind, der eine flotte Fahrt flußabwärts versprach. Die Segel wurden nacheinander unter Berücksichtigung der Fahrwasserverhältnisse gesetzt; denn die Wassertiefen waren stellenweise kaum ausreichend für das beladene Schiff. Um $10\frac{3}{4}^h$ passierte man die obere Barre und um 13^h – mit reduzierter Segelfläche – die untere Barre. Danach konnte man alle Segel setzen einschließlich der Leesegel an Backbord. Zwei Stunden später wurden wieder einige Segel geborgen; denn um 15^h war man bei den Kastellen und mußte dort beidrehen, weil der Lotse zum Ausklarieren an Land fuhr. Nach 2½ Stunden kam er wieder an Bord, und die Fahrt konnte mit Vollzeug fortgesetzt werden. Dank dem frischen NO-Monsun passierte die PRINCESS die Insel Lintin schon um Mitternacht, nur 15 Stunden nach Abfahrt von Whampoa.

Da der Wind weiter auffrischte, wurden um 2^h morgens die Leesegel geborgen; anschließend wurden auch Oberbram- und Bramsegel sowie der Außenklüver festgemacht. Um für die Manöver bei der Abgabe des Lotsen gerüstet zu sein, wurden vorübergehend die Untersegel aufgegeit. Um 6^h ging der Lotse bei der Insel Potoe von Bord. Das Schiff verließ die Mündungsbucht durch den Great Western Channel. Als es von den vorgelagerten Inseln frei war, wurde der Abgangsort durch Peilungen auf 21° 50′ N und 113° 38′ O festgelegt; das war um 8^h morgens am 13. 12.

Die PRINCESS LOUISE war mit ihrer Ladung nach Hamburg bestimmt; ihr Weg führte durch das Südchinesische Meer, dann zwischen den großen Sunda-Inseln hindurch in den Indischen Ozean und weiter um das Kap der Guten Hoffnung in den Atlantischen Ozean, in dem es dann endlich wieder nordwärts ging. Als Gesamtdistanz bis zur Einfahrt in den Ärmelkanal mußte ein Segelschiff auf diesem Weg ungefähr 14000 sm zurücklegen; dazu kamen dann noch etwa 600 sm durch den Kanal und die Nordsee, bis man in der Elbmündung den Lotsen bekam.

Am 14. 12. wurden die Anker auf die Back gesetzt und gehörig befestigt. Mittags stellten die Navigateure ein erfreuliches Etmal von 177 sm fest. Der Wind wehte frisch aus NO, der Himmel war bedeckt. Auch in den folgenden Tagen schob der NO-Monsun das Schiff auf seinem SSW-lichen Kurs gut voran. Am 21. 12. durchsegelte die PRINCESS LOUISE das Inselmeer zwischen Borneo und Sumatra und kreuzte den Äquator auf 107° Ostlänge. Obgleich die Inseln Ortsbestimmungen durch Peilungen gestatteten, ließ Kapitän Wendt zusätzlich die Wassertiefen durch Lotungen bestimmen, denn er wußte, daß die Seekarten jener Gebiete nicht sehr zuverlässig waren. Am 23. 12. näherte sich das Schiff mit mäßig starkem Nordwind der Gaspar-Straße, vor deren Einfahrt der Kapitän das Schiff abends beidrehte, um die Straße nicht im Dunkeln durchsegeln zu müssen. Am nächsten Morgen sah man eine mitsegelnde Brigg.

Am 25. 12. wehte der Wind aus NW; mittags stand das Schiff auf 5° S und 106° O und näherte sich der Einfahrt in die Sunda-Straße, die zwischen Sumatra und Java hindurchführt.

Trotz des günstigen Windes verzichtete der Kapitän auf das nächtliche Einsegeln in diese recht breite Straße und brachte das Schiff um 7^h abends auf 11 Faden Wassertiefe zu Anker. Als Ankerpeilungen wurden ins Journal eingetragen: Mitte North Insel NzW, Mitte der Sisters Insel WSW. Wörtlich heißt es anschließend:

»Versuche mit dem Logg, die Strömung zu untersuchen, ergaben [die Richtung] SzW ½W, 1½sm jede Stunde.
Um 8^h gaben wir den Wachschuß.
Der häufigen in dieser Gegend früher vorgefallenen Räubereien wegen wurden die Wachen verdoppelt und stark bewaffnet. Mit zwei Ausnahmen waren alle unsere Kanonen scharf geladen. Morgens $4\frac{3}{4}^h$ gingen wir unter Segel und steuerten südlich in die Sunda-Straße.«

Vormittags sichtete man das amerikanische Schiff ATLANTIC; der Mittagsort ergab 6° 02′ S, 105° 11′ O, und an Steuerbord war die Vulkaninsel Crockotao zu sehen, bis ein heftiges Gewitter mit viel Regen der PRINCESS die Sicht nahm. Am 27.12. nachmittags wurde Java Head passiert und damit die Sunda-Straße verlassen.

Nach zwei Tagen, auf 9° Süd, erreichte die PRINCESS LOUISE den langersehnten SO-Passat; die Besatzung war froh, der tropischen Schwüle der Malaiischen Inselwelt entronnen zu sein. Ein Matrose, der noch von Whampoa her krank war, hoffte nun auf Genesung. Auf den aus dem Fernen Osten heimkehrenden Segelschiffen empfanden die Seeleute die Fahrt durch den SO-Passat des Indischen Ozeans als die angenehmste Teilstrecke. Auch die PRINCESS traf einen frischen Passat und erzielte am 6.1. ein Etmal von 209 sm. Leider verlor sie den Passat schon am 12.1. auf 23½° S und 65° O, wo der Wind nach SW drehte, an Stärke zunahm und Gewitter und Regen mitbrachte. Am selben Tag starb der kranke Matrose, im Journal ist darüber folgendes eintragen:

»2^h [nachmittags] starb der Matrose Friedrich Witte aus Wollin. Er hatte seit unserer Abreise von Canton an der rothen Ruhr krank gelegen. 9^h [vormittags] wurde der Leichnam des Friedrich Witte versenkt.«
»Das Wetter war bügig mit Regen, der Wind wurde heftiger. Oberbram- und Bramsegel fest, ein Reff in jedes Marssegel.« Mittags stand das Schiff auf 23° 34′ S, 64° 31′ O.

Am nächsten Nachmittag wuchs der Wind zum Sturm aus Süd; es gab viel Wasser an Deck, und man pumpte das Schiff lenz von 11 Zoll. Dr. Meyen notierte, daß in dem heftigen Sturm »die Schwankungen des Schiffes so stark wurden, wie sie vielleicht auf der ganzen Reise noch nicht vorgekommen waren«. Das Barometer fiel auf 29,54 englische Zoll. Abends wurde beigedreht, vor dicht gerefftem Groß-Marssegel, Groß-Gaffelsegel und Vor-Stengestagsegel. Später wurde die gereffte Fock gesetzt; Fahrt 2–3 Knoten, Abtrift 5 Strich.

Am folgenden Tag war das Wetter unverändert; es stürmte weiter aus Süden. Eine Besserung ergab sich am 15. 1., als der immer noch starke Wind auf SSO raumte, so daß die PRINCESS LOUISE auf westlichem Kurs gute Fahrt lief. Zwei Wochen lang erfreute sie sich dann östlicher Winde und kam gut voran; es wurden bis zu 10 Knoten geloggt. Die flotte Fahrt mußte am 22. 1. mit dem Bruch einer Leesegelspiere im Vortopp bezahlt werden. Über die folgenden Tage heißt es im Journal:

25. 1. »Es fand sich ein Leck, dicht am Vorsteven im Zwischendeck. Doch war es unbedeutend, und seine Ausbesserung von der Innenseite nicht ausführbar.«

29. 1. PRINCESS LOUISE erreichte 30° Ostlänge in 34° Südbreite, der Wind wehte lebhaft aus Osten und man loggte 9 Knoten. Nachmittags sah man voraus 3 Mitsegler.

30. 1. »Segelten einem Barkschiffe vorbei, das anfing zu signalisieren. Sein Name war FANNY, es kam von der Insel Dieu. Der Kapitän desselben wünschte einen Brief mit uns zu geben, doch verlangte er, daß wir denselben bei ihm abholen sollten, da er vorgab, kein Boot zu haben, obgleich wir zwei Quarterboote an seinem Quarterdeck sahen; auch heißte er keine Landesflagge.«

Die nächsten drei Tage brachten wenig Fortgang durch den Wind; erst wehte er steif aus Westen, dann wurde es flau und zeitweise ganz windstill. Am 30. 1. machte sich das Wasser der Agulhas-Strömung, das an der SO-Küste Afrikas SW-wärts fließt, durch höhere Temperaturen bemerkbar; an den nächsten beiden Tagen aber wurde die PRINCESS LOUISE durch die Strömung 79 sm und 92 sm in WSW-licher Richtung versetzt, wofür die Schiffsleitung dankbar war, weil es ihr bei der Umseglung des Kaps der Guten Hoffnung sehr geholfen hat.

Versuche, die Agulhas-Bank anzuloten, hatten keinen Erfolg; am 31.1. fand man mit dem Tiefseelot bei 70 Faden keinen Grund, am 1.2. auch bei 170 Faden nicht, obgleich bei diesem Versuch Windstille herrschte, das Schiff also keine Fahrt durchs Wasser machte und die Lotleine senkrecht herabhing. Obgleich die PRINCESS LOUISE zwei Chronometer besaß, war anscheinend die astronomisch berechnete Länge ungenau.

Am 2.2. ergab die Berechnung des Mittagsortes 35° 28′ S, 18° 56′ O; damit war das Kap der Guten Hoffnung umsegelt, ohne daß man etwas von der afrikanischen Küste gesehen hatte. Das Schiff steuerte nunmehr einen NW-lichen Kurs in Richtung auf die Insel St. Helena, wobei ihm östliche und südliche Winde behilflich waren.

St. Helena war in der Segelschiffszeit ein wichtiger Stützpunkt für die Schiffe, die aus dem Indischen Ozean kamen und sich auf dem Wege nach Europa oder Nordamerika befanden. Die meisten von ihnen liefen die Insel an, um dort ihren Wasservorrat zu ergänzen und Frischproviant zu kaufen, vor allem Obst und Gemüse. Die Insel liegt auf etwa 16° Südbreite in der Zone des SO-Passats und war deshalb für Segelschiffe ohne Schwierigkeiten und Umwege zu erreichen.

Am 4.2. steuerte die PRINCESS LOUISE mit einem frischen SSW-Wind auf NNW-lichem Kurs und erreichte ein erfreuliches Etmal von 200 sm. Nachmittags um 5^h traf man eine Brigg, die auf Backbord-Bug bei dem Winde segelte. Anscheinend war es ein französisches Schiff. Weil Kapt. Wendt und Dr. Meyen in China Gerüchte von einem Krieg zwischen Frankreich und Preußen gehört hatten, waren sie in Sorge und nutzten die Gelegenheit zu einem Flaggengruß. »Nicht wenig waren wir erfreut, als das fremde Schiff die Französische Flagge aufzog und also Frieden in Europa verkündete«, notierte Dr. Meyen in seinem Reisebericht.

Am 10.2. kreuzte die PRINCESS LOUISE den Nullmeridian auf 20° Südbreite; der SSO-Wind brachte dem Schiff an diesem Tag nur ein Etmal von 138 sm. Auf der PRINCESS hätte man sich den SO-Passat gern etwas frischer gewünscht; aber es war Sommer auf der Südhalbkugel, und erfahrungsgemäß haben die Passate im Sommer weniger Kraft als im Winter. Bei der Annäherung an St. Helena war die Hauptsorge des Kapitäns, daß er nicht an der Insel vorbei segelte, ohne sie zu sichten; denn das Wetter war zuweilen trübe und regnerisch, und dazu kam die Unzuverlässigkeit der Chronometer. Eines der beiden hatte in letzter Zeit täglich um 20 Sekunden herum verloren, aber nicht gleichmäßig; es war infolgedessen wenig geeignet zur Kontrolle des anderen Chronometers, dessen Gang anscheinend zuverlässiger war.

Am 14.2., als die PRINCESS LOUISE nach den Berechnungen der Navigateure in die Nähe von St. Helena kam, war das Wetter regnerisch und die Sicht schlecht, dabei wehte ein mäßiger SO-Wind. Als um 5^h nachmittags noch nichts von der Insel zu sehen war, ließ der Kapitän die leichten Segel bergen. Eine Viertelstunde später klarte es auf und querab an Backbord kam Land in Sicht; die PRINCESS wurde auf Westkurs gebracht. Um 7^h abends legte man sie mit kleinen Segeln bei. Am nächsten Morgen segelte man dicht unter Land und setzte in ruhigem Wasser die große Schaluppe aus, »die mit dem 2. Steuermann und den nötigen Papieren nach Ruperti Battery abgefertigt wurde«.

Weiter ist im Journal zu lesen:

> »Morgens 8^h ankerten wir auf der Reede von Jamestown auf 17 Faden Wasser. ... Der Capitän und Dr. Meyen fuhren an Land. Des Mittags erhielten wir eine Barke mit 18 gefüllten Wasserfässern. ... Der Wind wehte oft in starken Bügen aus den Felsschluchten und brachte zuweilen feinen Regen.«

Aufgrund der Journaleintragungen muß man annehmen, daß am Nachmittag die Chronometer mit Hilfe vom Land kontrolliert worden sind. Am nächsten Morgen wurde noch ein akustischer Chronometervergleich mit dem Observatorium durchgeführt, der im Journal folgendermaßen beschrieben ist:

> »Morgens um 8^h wurde auf dem Großtop der PRINCESS LOUISE der ›Blow-Petre‹ [nicht Blue Peter] aufgeheißt, worauf

dasselbe Signal auf dem Flaggstock auf Fort Ladder Hill aufging, und ein Schuß daselbst fiel. – Bei drei darauf folgenden Schüssen wurde an Bord die Zeit notiert, welche unsere Chronometer wiesen, während in denselben Augenblicken auf dem Observatorium in Jamestown die Greenwich Mittelzeit angemerkt wurde. Der Vergleich dieser beiden Beobachtungen ergab, daß Chronometer Heron's gegenwärtige Correction + 18^m $50{,}3^s$ und seine Acceleration $-2{,}6^s$ sei. Chronometer Kessel's gegenwärtige Correction wäre demnach -1^h 21^m $27{,}7^s$ und seine tägliche Acceleration $+19{,}4^s$.«

Am selben Tag nachmittags um $1\frac{1}{2}^h$ begann man mit dem Ankerhieven; um 2^h war das Schiff unter Segel und setzte die Heimreise fort. Die PRINCESS LOUISE hatte 30 Stunden vor Jamestown zu Anker gelegen; weitere 15 Stunden waren durch die Ansteuerung und das nächtliche Beiliegen verloren gegangen, insgesamt also rund 2 Tage.

Dr. Meyen, der mit Kapitän Wendt den kurzen Aufenthalt des Schiffes zu einem Landausflug nutzte, hat in seinem Reisebericht ausführlich darüber geschrieben. Seine folgenden Ausführungen lassen erkennen, daß er an dieser Insel weniger als Naturforscher interessiert war, sondern mehr als Zeitgenosse des Kaisers Napoleon, der 1821 als Gefangener auf St. Helena gestorben war:

Die britischen Gefangenenwärter hatten die Insel wie eine Festung ausgebaut, überall entdeckte man Batterien in den Felsen, und die Soldaten auf der Insel übten sich immer noch im Signalisieren. Verwaltet wurde die Insel von der East India Company, die ihren Sitz in Jamestown hatte, einer sauberen und ordentlichen Stadt, wie Dr. Meyen fand. Dicht bei der Stadt stiegen die Felsen steil zu 200 m Höhe an, eine Treppe mit 806 Stufen war in den Fels gehauen und führte so steil hinauf, daß einem schwindelig wurde. Oben auf dem Ladder Hill standen ein Observatorium und eine Batterie.

Nachdem Kapitän Wendt und Dr. Meyen die Höhe erklommen hatten, gingen sie zuerst nach der Grabstätte Napoleons.

Sie lag in einem einzigartigen Felstal, das nach SW Ausblick auf das Meer gewährt. »Einfach, aber schön ist das berühmte

Grab... Kein Monument, keine Inschrift spricht von dem seltenen Manne, nur das Pittoreske der Natur verrät die Größe des Entschlafenen.« Das Grab wurde nur von drei breiten Steinen gedeckt und war von einigen Trauerweiden umstanden.

Vor dem Grab stehend, erinnerte sich Dr. Meyen an seine Jugendzeit in Tilsit, wo der patriotische Zorn der Preußen auf den französischen Eroberer besonders heftig war. Denn in Tilsit hatte Napoleon 1807 dem König einen Vertrag aufgezwungen, durch den Preußen die Hälfte seines Staatsgebietes verlor. Ein vergeblicher Bittgang der Königin zu Napoleon hatte die Demütigung noch schlimmer gemacht. Doch die Erinnerungen weckten in Dr. Meyen keine feindseligen Gefühle mehr; am Grab empfand er Respekt vor dem ungewöhnlichen Mann, der von dem Willen besessen war, Europa nach seinen Vorstellungen zu ordnen und zu beherrschen.

Mehr als zehn Jahre lang hatte Napoleon einen großen Teil Europas bekriegt und die besiegten Länder drangsaliert; seine Armeen waren nicht zimperlich gewesen. Europa hatte unter den napoleonischen Kriegen schwer gelitten; die betroffenen Völker haßten ihn. Aber Haß und gerechter Zorn hielten nicht lange vor, nachdem die Europäer sich von ihm gemeinsam befreit hatten. – Woran lag's? Er war kein Unmensch; die Historiker sagten, daß er mit dem Code Napoleon ein Gesetzeswerk von bleibendem Wert geschaffen habe, und schließlich waren auch einige Dichter daran beteiligt, den großen Schlachtenlenker zu rehabilitieren. Am wirksamsten vielleicht Heinrich Heine mit seinem Gedicht von des Kaisers Grenadieren, von denen der eine so ergreifend klagt: »... mein Kaiser, mein Kaiser gefangen!«

Nachdenklich pilgerten die beiden Deutschen von dem Grab nach dem Haus, das Napoleon anfangs bewohnt hatte. Sie waren erstaunt, daß der Gouverneur so »merkantilistisch« war, daß er es kommerziell nutzte und im ehemaligen Staatszimmer Napoleons »saures Bier« verkaufen ließ. Aber auch der Preuße und der Hanseat waren von dem Weg und der Kletterpartie derartig durstig geworden, daß sich jeder eine Flasche Bier für einen Piaster gönnte. Einige hundert Meter entfernt von dem älteren Haus stand das neue Wohngebäude, das man eigens für Napoleon errichtet hatte. Dr. Meyen schrieb, daß nach Napoleons Tod der

Gouverneur der Insel das Haus bezogen habe. Demnach muß es wohl ein recht komfortables Domizil gewesen sein.

Die Grabstätte auf St. Helena verlor 1840 ihre Bedeutung, als die Franzosen ihren toten Kaiser nach Paris überführen durften und ihn im Invalidendom beisetzten.

Nachdem die PRINCESS LOUISE St. Helena am 16.2. mit dem SO-Passat verlassen hatte, segelte sie am nächsten Vormittag dem Vollschiff LORD der East India Company vorbei und signalisierte mit ihm. Das englische Schiff kam von Bombay. Fünf Tage nach der Abfahrt von St. Helena passierte die PRINCESS die einsame Insel Ascension in großem Abstand an Steuerbord. Der SO-Passat blieb dem Schiff treu, auch wenn er mal eine Schwächeperiode hatte, und schob es am 27.2. in 23° W über den Äquator. Die Zeit vom Kap der Guten Hoffnung bis zur Linie betrug 25 Tage; zieht man für den Aufenthalt bei St. Helena noch 2 Tage ab, so waren es nur 23 Segeltage für diese Teilstrecke, und das war nicht schlecht. Für die Großsegler, die 60–70 Jahre später unterwegs waren, hat die Deutsche Seewarte einen Mittelwert von 27 Tagen berechnet, womit die gute Segelfähigkeit der kleinen PRINCESS wieder einmal bewiesen ist.

Am 28.2. sichtete man eine Brigg auf SW-lichem Kurs. Die Mallungen nördlich der Linie konnte die PRINCESS LOUISE in drei Tagen überwinden. Schon auf 4° Nordbreite gelangte sie in den NO-Passat, der ihr erlaubte, »voll und bei« einen NNW-Kurs zu steuern, mit anfänglichen Etmalen von 156, 180, 156 und 157 sm. Nach einigen Tagen wurde die Richtung, aus der der Passat wehte, noch etwas günstiger, doch ab 18° N wurde er so steif, daß man Vor-Marssegel und Besan reffen mußte. Das Klüverfall brach und mußte erneuert werden; aus der Bilge pumpte man 11 Zoll Wasser. Auf 21° N gab es am 9.3. Abwechslung für die Leute auf der PRINCESS: Nachmittags hatte sie einen Mitsegler ½ sm in Lee, mit dem sich »ein lebhaftes Signalement« entwickelte. Das englische Schiff hieß DOROTHY, kam von Bombay, sollte nach Liverpool und war 86 Tage in See. Bei dem immer noch steifen NO-Passat brach am nächsten Tag das Luv-Seitenliek des Vormarssegels; der Schaden wurde sogleich repariert.

Etwa auf 30° N und 44° W, als die PRINCESS LOUISE schon weit nach Westen geraten war, sah man zwei mitsegelnde Briggs, eine in Lee, die andere in Luv; beide blieben bald achteraus. Der Passat wehte noch aus ONO; er ging am 17. 3. zu Ende; man trieb auf 34° N in völliger Flaute. Die erhofften Westwinde ließen noch auf sich warten; die nächsten Tage brachten umlaufende Winde sowie die Begegnung mit einem amerikanischen Schiff, das SO-wärts steuerte. Der SW-Wind kam am 21. 3.; aber zwei Tage später überließ er das Feld wieder dem hartnäckigen Ostwind. Am 23. 3. ist im Journal vermerkt: »drehten um 3 ½^{h} durch«, damit war nicht die Besatzung gemeint, sondern die PRINCESS, die durch plötzliches Umspringen des Windes von Ost auf NO auf den anderen Bug gedrückt wurde.

Am 27. 3. stand das Schiff etwa 200 sm nördlich der Azoren; das Wetter war immer noch wechselhaft und der Wind unbeständig in Richtung und Stärke. Am 29. 3. wehte er frisch aus Richtungen zwischen NO und SO; die PRINCESS LOUISE konnte in 24 Stunden nur 50 sm gutmachen. Die erwünschte Wetterlage für den Endspurt zum Ärmelkanal bahnte sich am 1. 4. an, als der Wind stetig aus Süd bis SW wehte und das Schiff in die Lage versetzte, gemeinsam mit dem SW-Wind auf der Vorderseite eines Tiefs ostwärts zu rauschen. Am 2. 4. wurden 203 sm zurückgelegt und mehrmals 9 Knoten geloggt, Mittagsposition 49° N, 12° W. Die Bramsegel in Vor- und Kreuztopp waren festgemacht, auch der Besan, und das Kreuzsegel war einfach gerefft. Das Schiff nahm viel Wasser an Deck; einer französischen Brigg, die auf NWlichem Kurs lag, erging es nicht besser.

Zwei Tage später ließ der förderliche Wind nach und drehte allmählich auf östliche Richtung; aber die PRINCESS LOUISE hatte »die Gründe« vor dem Ärmelkanal erreicht. Um Mitternacht fand das Lot in 65 Faden Tiefe gelben Sand und Muschelstücke. Vormittags um 8^{h} kam das »SCILLY BOAT N 26« der PRINCESS entgegen und nahm ihr die Briefe ab, die sie von Kanton und St. Helena für England mitgenommen hatte. Gegen östliche Winde kreuzend, gelangte das Schiff um 6^{h} morgens am 5. 4. in Sicht der Scilly-Inseln, doch bis das Leuchtfeuer von Lizard querab war, wurde es abends 10^{h} am folgenden Tag.

Von der Linie bis Lizard hatte die PRINCESS LOUISE 39 Tage gebraucht, ein wenig über dem Mittelwert, den die Seewarte später für diese Jahreszeit errechnete. Es lag daran, daß die PRIN-

CESS nach dem Verlassen des NO-Passats in der Zone der vorherrschenden Westwinde immer wieder von östlichen Winden aufgehalten worden war. Trotz des ungünstigen Wetters gegen Ende der Reise hatte die PRINCESS vom Verlassen der Kantonbucht bis zum Ärmelkanal nur 115 Tage gebraucht, und nur 113 Tage, wenn man den Aufenthalt bei St. Helena von der Gesamtdauer abzieht. Und damit hat die kleine PRINCESS LOUISE im Jahr 1832 eine vorzügliche Reise gemacht; sie wurde ermöglicht durch die guten Segeleigenschaften des in Bremen gebauten Schiffes, durch die Qualitäten des Kapitäns und durch günstige Windverhältnisse auf den meisten Teilstrecken des langen Weges. Der Mittelwert, den die Seewarte für Reisen in den Jahren 1893–1904 errechnete, betrug 132 Tage, ohne Rücksicht auf die Richtung des Monsuns.

Die Fahrt durch den Ärmelkanal wurde nicht durch den Wind begünstigt; er kam meistens aus östlicher Richtung und zwang die PRINCESS LOUISE oft zu Kreuzschlägen, so daß die Fahrt von Lizard bis Dover 8 Tage dauerte. Der Schiffsverkehr im Kanal war lebhaft; einige wenige Schiffe wurden im Journal der PRINCESS namentlich genannt.

6.4. »Preiten nachmittags die Hamburger Brigg CARL ADOLPH, die von Portorico kam.«

8.4. »Signalisierten mit dem Englischen Schiff MUNERO, es war vor 126 Tagen von Calcutta weggesegelt.«

12.4. »Segelten der Brigg EMILIE von Stettin vorbei.«

Am 14.4. segelte die PRINCESS bei östlichem Wind durch die Straße von Dover; am selben Tag hatte man die Groß-Skysegelrah aufgebracht und das Skysegel gesetzt.

In der Nordsee traf das Schiff in den folgenden Tagen NW-liche Winde und gelegentlich Nebel, so daß viel gelotet werden mußte. Am 18.4. kam nachts um 1^h das Leuchtfeuer von Helgoland in östlicher Peilung in Sicht, kurz nachdem sich der Nebel gelichtet hatte. Da der Wind wieder östlich war, kreuzte man in der Helgoländer Bucht, bis sich in der folgenden Nacht Gelegenheit zum Einlaufen in die Elbmündung bot. Um $1\,{}^3\!/_4{}^h$ kam der Lotse von der Lotsengaliot an Bord. ¾ Stunden später mußte die PRINCESS

LOUISE querab von Neuwerk vor Anker gehen. Vormittags zwischen 9^h und 10^h ging es weiter. Als der SO-Wind zwischen 11^h und 12^h völlig einschlief, mußte man wieder einen Anker fallen lassen, um nicht auf den Sand getrieben zu werden. Im Journal heißt es:

19.4. »Nachmittags 2 ¾^h ankerten wir auf der Rhede von Cuxhaven. Salutierten um 5^h das Fort von Cuxhaven durch 17 Kanonenschüsse, welche bald darauf durch eine gleiche Anzahl Schüsse erwiedert wurden. Gewitter mit starkem Regen... 5 ½^h kam das Quarantäne-Boot. Nach abgehaltener Untersuchung bekamen wir Erlaubniß zum Aufsegeln nach Hamburg.«

20.4. Das Schiff ging um 4^h bei mäßigem SW-Wind unter Segel. »12^h lagen bei der Bösch, um die Flut abzuwarten. Capt. Wendt war mit einem Lotsenboot nach Stade gefahren, um daselbst auszuklarieren, und kam um 4^h nachmittags wieder an Bord. Bewölkt, mäßiger SW und SSW. Um 6^h kam das Schiff bei Schulau auf den Grund.

21.4. »Setzten des Morgens das große Boot und die große Schaluppe aus, und beluden beide Fahrzeuge mit einigem Proviant und Reservetaugut. Da das Schiff mit hohem Wasser nicht flott wurde, wurde ein Leichterfahrzeug angenommen, welches mehrere unserer Kanonen, Proviant, Reservetaugut und alle Reservesegel und 50 Faden von der schweren Ankerkette an Bord bekam. Abends 6 ½^h wurde das Schiff flott, setzten Segel und gingen nach Hamburg auf, wo wir abends mit dem Steuerbordschen Anker ankerten.«

In der amtlichen Hamburger Hafenstatistik ist die Ankunft der PRINCESS LOUISE am 21.4.1832 mit folgenden Bemerkungen eingetragen:

Herkunft:	Kanton
Ladung:	Stückgüter
Tiefgang:	14 ½ Fuß

Tatsächlich endete die Reise erst am Sonntag, dem 22. April, nachdem man »das Schiff des Morgens innerhalb der Schlengel vertäut hatte, vorn mit der großen Ankerkette, und über das Heck mit dem Kabeltau.« Damit war die zweite Erdumseglung der PRINCESS LOUISE ohne nennenswerte Havarien abgeschlossen. Die Rundreise hatte 1 Jahr + 7 Monate + 2 Wochen gedauert; von diesen 592 Tagen war das Schiff 391 Tage in Fahrt gewesen.

In der Woche nach der Ankunft enthält das Journal noch folgende Eintragungen:

25.4. »nahmen alles, was oben erwähntem Leichterfahrzeug bei Schulau übergeben war, mit Ausnahme der Segel, wieder an Bord. Schlugen alle Segel von den Rahen ab, und schickten sie sämtlich zum Segelmacher Pfeiffer in Altona. Löschten verschiedene Sachen.«

26.4. »Die Mannschaft war mit verschiedenen Arbeiten beschäftigt. Die große Schaluppe und die Gick wurden nach Neumühlen gebracht und dort in Verwahrung gegeben.«

28.4. [die letzte Eintragung] »Löschten 59 Probenkisten. Der Direktor der Königlichen Seehandlungs-Sozietät, Rechnungsrath H. Ebert, kam am Bord.« [Eine Hamburger Zeitung nannte in der Spalte »Angekommene Fremde« den Seehandlungs-Director Hr. Ebert, der mit den Herren Particulieren C. Ebert und L. Mayer von Berlin gekommen sei.]

Hamburg hatte seiner Zeit schon einen bedeutenden Schiffsverkehr nach und von Übersee, so daß die PRINCESS LOUISE kein besonderes Aufsehen erregte. In den Schiffahrtsnachrichten der Hamburger Zeitungen wurde das preußische Schiff nur mit den üblichen knappen Notizen erwähnt. Die »Hamburger Nachrichten« nannten in ihrer wöchentlichen Liste der »Auf die Elbe und an die Stadt gekommenen Schiffe« unter dem 21.4. die »PRINCESS LOUISE, Capt. J. Wendt, von Canton«.

Nachdem die PRINCESS LOUISE entladen war, fand am 11. Mai 1832 die Generalabmusterung der Besatzung vor dem Hamburger Wasserschout statt. Das Protokoll ist noch vorhanden und weist aus, daß zur Abmusterung nur 22 Mann erschienen waren, im Vergleich zu 30 Mann, die am 21. August 1830 angemustert worden waren [vgl. S. 43]. Da die drei Cadetten bei der Abmusterung fehlten, ist anzunehmen, daß sie schon kurz nach der Ankunft des Schiffes gesondert abgemustert wurden. Dasselbe gilt möglicherweise auch für den Ersten Zimmermann Henkel aus Bremen, der ebenfalls bei der Abmusterung am 11. Mai fehlte, ohne daß im Journal ein Verlassen des Schiffes vor Ankunft in Hamburg vermerkt ist.

Fünf Mann haben die Reise nicht beendet, und zwar aus folgenden Gründen:

> Der Erste Steuermann und der Bootsmann wurden in Callao entlassen, da ihr Benehmen und ihre Leistungen ihrer Dienststellung nicht entsprachen.
> Ein Jungmann wurde wegen eines Beinbruchs in Rio de Janeiro ausgeschifft.
> Der zweite Koch erkrankte an Pocken; er wurde höchstwahrscheinlich im Kantonbezirk ausgeschifft.
> Der Matrose Witte starb auf See im Indischen Ozean an der »roten Ruhr«, an der er wochenlang gelitten hatte.

In Manila hatte Kapitän Wendt als Ersten Koch den 46jährigen Charles Richard angeheuert; er war in Kalkutta geboren und besaß einen britischen Paß. Anscheinend hatte er sich gut bewährt und eingelebt; denn er wurde für die nächste Reise wieder als Erster Koch angemustert. Der Koch war auf langen Segelschiffsreisen eine wichtige Persönlichkeit; denn von seinen Fähigkeiten hing oft das »Betriebsklima« an Bord ab. Deshalb erhielt er auf der PRINCESS LOUISE normalerweise eine Monatsheuer von 13 Talern, während sich die Matrosen mit 8 Talern begnügen mußten. Der in Hamburg angemusterte Koch Meyerhoff war vermutlich kein Meisterkoch, jedenfalls hat Kapitän Wendt ihn zwei Wochen nach dem Verlassen von Rio de Janeiro seines Amtes enthoben und zum Matrosen degradiert. Aus dem Abmusterungsprotokoll ist ersichtlich, daß auch seine Heuer auf 8 Taler herabgesetzt wurde, allerdings in Callao wieder auf 9 Taler stieg, als man ihn zum Bootsmannsmaaten ernannte.

An Stelle von Meyerhoff wurde der Matrose Wendelborg Kombüsenchef; anscheinend verstand er etwas von der Sache und gab sich auch Mühe, weil er nun die Kochsheuer von 13 Talern erhielt. Er blieb 10 Monate in der Kombüse und tat seine Pflicht; aber die Besatzung war auf Abwechslung erpicht. Deshalb nahm der Kapitän in Manila die Gelegenheit wahr, den bereits erwähnten Koch C. Richard anzuheuern, der dann bis Hamburg für das leibliche Wohl der Besatzung sorgte.

Beförderungen während der Reise gab es in Callao, nachdem der Kapitän den Ersten Steuermann und den Bootsmann entlassen hatte. In Manila rückte im Oktober 1831 der Jungmann Friedrich Schultz zum Matrosen auf, wodurch sich seine Heuer von 6 auf 8 Taler erhöhte.

Die Seeleute, die am 21. 8. 1830 an- und am 11. 5. 1832 abgemustert hatten, bekamen mit wenigen Ausnahmen eine Dienstzeit von 20 Monaten und 22 Tagen bescheinigt. Die bei der Anmusterung in Reichstalern festgesetzten Heuern wurden bei der Abmusterung in Kurant-Mark ausbezahlt; die Umrechnung erfolgte im Verhältnis 1:3, für einen Taler wurden 3 Kurant-Mark gezahlt. Die Matrosen erhielten für die gesamte Reise einschließlich der gezahlten Vorschüsse 497 Kurant-Mark und 10 Schillinge. Das war eine beträchtliche Summe; denn die Kurant-Mark von damals hatte eine wesentlich größere Kaufkraft als die D-Mark von heute.

Die Princess Louise lag nach ihrer Erdumseglung sechs Wochen in Hamburg; ihre nächste Reise machte sie nach Westindien. In der zweiten Hälfte des Monats Mai erschienen in den »Hamburger Nachrichten« Anzeigen des Schiffsmaklers Joh. Dan. Schirmer, daß die Princess bereit sei, Güter für St. Thomas zu laden, die dänische Insel in Westindien. Die Zeitungsanzeige vom 29. Mai lautete:

> »Nach St. Thomas nimmt morgen die letzten Güter über und wird sofort expediert: Capitän J. Wendt, führend das schöne, schnellsegelnde, kupferbodene Schiff Prinzessin Louise. ... Das Schiff hat schöne und bequeme Gelegenheit für Passagiere. Nähere Nachrichten bei Schiffsmakler Joh. Dan. Schirmer.«

Die Hamburger Nachrichten brachten am 7. Juni in ihrer Spalte der ausgelaufenen Schiffe, daß die PRINZESSIN LOUISE am 4. Juni 1832 unter Führung von Capitain J. W. Wendt nach St. Thomas in See gegangen sei.

Für diese Westindienreise, die weniger als ein halbes Jahr dauerte, hatte man die Besatzung auf 1 + 23 Mann reduziert. Die Hälfte der Leute war schon auf der vorhergegangenen Erdumseglung dabei gewesen; zwei von ihnen waren vom Jungmann zum Matrosen aufgerückt. Mauersteine bildeten den größten Teil der Ladung, die die PRINCESS nach St. Thomas brachte; die Fahrt dauerte 43 Tage. Kapitän Wendt schrieb in seinem Bericht an die Direktion, es sei zwar keine sehr schnelle Reise gewesen, aber alle vor ihm abgegangenen Schiffe hätten längere Passagen gehabt.

In der Bay von St. Thomas lud die PRINCESS LOUISE für die Heimreise Mahagoni-Holz in Blöcken und eine kleine Partie Blauholz. Dann versegelte sie nach Puerto Rico, wo sie noch etwa 500 Fässer Zucker übernahm. Die Heimreise von Aguadilla nach der Elbe erforderte 43 Tage; für die gesamte Rundreise hatte die flotte PRINCESS vier Monate gebraucht, als sie am 6. Oktober wieder auf der Elbe eintraf.

Nach dem Löschen der Ladung wurde das Schiff für die nächste Weltumseglung ausgerüstet, die sie Ende Dezember 1832 von Hamburg aus antrat. – Es handelte sich um jene Reise, für die Kapitän Wendt die Erlaubnis erbeten hatte, seine junge Frau Elisabeth nach Südamerika und China mitnehmen zu dürfen. Das Stettiner Kontor war dagegen und schrieb folgendes zu dem Gesuch:

»Nach der allgemeinen Usance wird es, soweit uns bewußt, von Reedern nicht gestattet, daß Schiffs Capitains ihre Frauen bey ... Reisen mitnehmen dürfen, weil in Augenblicken großer Gefahr, wo die Gegenwart des Capitains auf Deck behufs Anordnung der nöthigen Sicherungsmaßregeln durchaus nothwendig ist, derselbe sich leicht durch das Angstgeschrey von Frauen verleiten lassen könnte, denselben in Noth beyzustehen, statt dem ihm anvertrauten Schiffe alle seine Kräfte und Besonnenheit zu widmen, und dadurch auch möglicherweise Verlust des ganzen Schiffes eintreten kann.«

Präsident Rother setzte sich jedoch über diese Stellungnahme hinweg und gestattete ausnahmsweise, daß Frau Wendt ihren Mann auf der großen Reise begleiten dürfe. Wie bereits auf S. 41 erwähnt, endete diese ungewöhnliche Hochzeitsreise tragisch; im Pazifischen Ozean starb Frau Wendt wenige Tage nach der Geburt ihres ersten Kindes.

Die Preußische Seehandlung und die Sandwich-Inseln

Kontakte zwischen dem König des Inselreichs und den Preußenkönigen

Durch die Erdumseglungen der Seehandlungsschiffe um 1830 herum war es zu freundlichen Beziehungen zwischen der Landmacht Preußen und dem pazifischen Königreich der Sandwich-Inseln gekommen. Als erstes Schiff im Auftrage der Seehandlungs-Sozietät war 1823 das Bremer Schiff MENTOR drei oder vier Tage in Honolulu gewesen, als es in Charter der Seehandlung von Südamerika nach China segelte. Die Sandwich-Inseln wurden – wie gesagt – zu jener Zeit von König Kamehameha II. regiert, der 1824 in London verstarb. Kontakte zwischen der Schiffsleitung und dem König in Honolulu hat es nicht gegeben; denn als MENTOR am 28. November 1823 in Honolulu eintraf, hatte der König gerade einen Tag vorher seine große Reise nach London angetreten.

Die nächste Erdumseglung auf der von der MENTOR vorgezeichneten Route machte das Vollschiff PRINCESS LOUISE von 1825 bis 1829, nachdem es von der Seehandlung angekauft worden war. Kapitän, Steuermann und Supercargo hatte die Seehandlungs-Direktion klugerweise von der MENTOR auf die PRINCESS LOUISE versetzt, so daß sich Kapitän Harmssen, Steuermann Wendt und der agile Supercargo Wilhelm O'Swald an den Küsten und in den Häfen schon auskannten.

Im Februar 1828 traf die PRINCESS LOUISE in Honolulu ein, als erstes preußisches Schiff im Königreich der Sandwich-Inseln. Da das Schiffsjournal jener Reise nicht erhalten ist, sondern nur ein paar Einzelberichte des Kapitäns und des Supercargos, soll der nachfolgende Auszug aus dem Journal des Amerikaners Stephen Reynolds (vgl. S. 80) einen Einblick geben in den Schiffs- und Hafenbetrieb Honolulus im Jahre 1828. Die Ausfuhr von Sandelholz spielte damals eine wichtige Rolle, und zwar handelte es sich um das helle, wohlriechende Sandelholz, das für Schnitzarbeiten, aber auch für die Parfümherstellung gebraucht wird. Während die PRINCESS LOUISE 1828 in Honolulu lag, notierte Stephen Reynolds in seinem Journal unter anderen folgende Ereignisse:

Am 5.2. nachmittags traf auf der Reede das Vollschiff PRINCESS LOUISE ein, Kapt. Harmssen, nach 36tägiger Reise von Lima (Callao) – Reiseziel Kanton. Preußische Flagge, die erste Flagge jenes Landes, die hier gezeigt wird. Gleich am ersten Tag machte Mr. Reynolds die Bekanntschaft des Supercargos O'Swald, der mit ihm an Land ging.

Am 6.2. notierte Mr. Reynolds die Ankunft des holländischen Schiffes WILHELMINA-MARIA, das ebenfalls von Lima kam. Mr. French, einer der vielen angelsächsischen Kaufleute in Honolulu, hatte das holländische Schiff gechartert, um Holz nach Kanton zu bringen, zu einer Rate von 2 Dollars per Picul. [Die chinesische Gewichtseinheit »Picul« entsprach, grob gerechnet, unserem Zentner, nach Einführung des metrischen Systems rechnete man den Picul zu 60,45 kg.]

Die Eintragungen über das Wetter, die Mr. Reynolds täglich machte, lassen erkennen, daß im Februar meistens ein recht starker NO-Passat wehte und Regenfälle nicht selten waren.

Am 7.2. erklärte Herr O'Swald, er könne kein Holz für Kanton laden, wenn er nicht die gleiche Rate von 2 $ bekäme, die Mr. French dem Holländer bewilligt hatte. Mr. Reynolds, der zusammen mit einem Mr. Jones am Holzgeschäft beteiligt war, erklärte kategorisch, er könne nicht mehr als 1 ½ $ zahlen, das sei die übliche Rate.

Der 8.2. war wieder durch sehr starke Passatwinde beeinträchtigt, bei denen die Schiffe nicht von der Reede in den Hafen gebracht werden konnten; außerdem regnete es stark von den Bergen, während es auf See klar war.

Am 9.2. wehte morgens ein leichter Südwind; aber um 10^h setzte wieder ein steifer Passat ein. Einige Schiffe hatten die

Chance versäumt, mit dem Südwind in den Hafen einzulaufen. – Wegen einer Brigg hatte der König eine Differenz mit Boki, dem Gouverneur von Oahu; beide wollten sie kaufen, um am Holzgeschäft zu partizipieren. [Die kleinen Briggs wurden gebraucht, um das Sandelholz von den übrigen Inseln und Häfen nach Honolulu zu bringen; von dort wurde es mit größeren Seglern nach Übersee verschifft, und zwar zum größten Teil nach China.]

Am 10.2. schrieb Reynolds: »Very, very strong trades all day.« [Trades = Passatwind]

Am 11.2. sagte O'Swald zu Mr. Reynolds, daß Mr. French ihm 1,75 $ per Picul zahlen würde für eine Partie von 2000 Picul. Reynolds antwortete ihn, daß 1,50 $ die Grenze sei für Tax wood.

Am 12.2. feuerten die Schiffe auf der Reede schon sehr früh Kanonenschläge, um Bugsierboote für das Einlaufen in den Hafen anzufordern; denn der Passat war abgeflaut. Es kam jedoch kein Bugsierboot, bevor es hell geworden war. PRINCESS LOUISE ließ sich einschleppen. Der Holländer sparte den Schlepplohn und warpte das Schiff mit Hilfe seiner Anker in den Hafen, brauchte aber den ganzen Tag dafür. [Der Hafen wurde durch Korallenriffe geschützt.]

O'Swald bot Mr. Reynolds an, Holz von ihm zu nehmen, wenn er das Schiff innerhalb von 5 Tagen vollständig beladen würde. – Manuera sagte, er würde Salut zu Ehren der preußischen Flagge feuern lassen, möchte aber damit warten, bis Gouverneur Boki von seinem Ausflug nach dem Pearl River [auf der Insel Oahu] zurück sei.

Am 13.2. regnete es. Der König ging an Bord des preußischen Schiffes, um es zu besichtigen. 17 Schüsse wurden von der PRINCESS gefeuert und vom Fort erwidert, bevor der König an Bord ging. Es war das erste preußische Schiff im Hafen, wurde nochmals festgestellt. Abends waren Mr. French und alle Holländer und Deutschen bei Mr. Charltons zum Teetrinken.

Am 14.2. feuerte das holländische Schiff Salut, der vom Fort erwidert wurde; danach ging der König mit einigem Gefolge an Bord und nahm einen Lunch ein. – PRINCESS LOUISE begann Tax wood zu laden, von Manuera's Schuppen. Immer noch Spannung zwischen König und Gouverneur Boki wegen der Brigg, die Mr. Meek verkaufen wollte.

Am 15.2. herrschte ruhiges Wetter; es trafen mehrere kleine Briggs mit Holz von der Insel Mauaii ein, darunter die CHINCHILLA mit 258 Piculs. PRINCESS LOUISE lud Holz.

Am 16.2. lief die Brigg ACTIVE ein; von ihrem Holz wurde ein Teil von der PRINCESS LOUISE übernommen. CHINCHILLA gab Holz an das holländische Schiff, dessen Kapitän nachher sagte, das Holz der CHINCHILLA sei nicht so gut wie »Tax wood«.* Dr. French kaufte Stoffe vom Supercargo O'Swald zu 2,50 $ per yard; Holz wurde zu 8 $ gehandelt.

Am 18.2. heißt es, daß Mr. Meek die umstrittene Brigg für 3400 Piculs an den König verkauft habe. – Der Kapitän des russische Schiffes gab ein Diner für den König und die Konsuln; die Preußen und Holländer waren auch geladen.

Am 19.2. kaufte Mr. French mehrere Ballen Stoff vom Supercargo O'Swald, Preise 2,25 bis 2,50 $ per Yard. Sandelholz wurde mit 8,00 $ per Picul berechnet. Die CHINCHILLA lief nach Wainai aus, um Tax wood zu holen.

Am 20.2. vollzog Mr. Bingham an mindestens 15 Paaren »Armer Heiden« (The Poor Heathen) die Englische Trauungs-Zeremonie.

Am 23.2. beendete die PRINCESS LOUISE die Übernahme von Tax Wood. Der Unterraum war voll mit 2363 Piculs. Mr. French und der Supercargo begaben sich nach Wailua und kehrten am 25.2. zurück.

Am 28.2. kaufte Mr. French viel Wein vom holländischen Kapitän und bezahlte mit Holz.

Am 29.2. wehte »schöner Passatwind«. Das preußische Schiff beendete das Laden von Sandelholz. Nachmittags wurden Pferderennen veranstaltet.

Am 3.3. notierte Mr. Reynolds die Ankunft des Schoners WASHINGTON, der mit Robbenfellen und Schildpatt von den Galapagos-Inseln kam.

Am Mittwoch, den 5.3. ist im Journal eingetragen, daß an dem schönen Morgen bei gutem Passat die PRINCESS LOUISE nach Kanton in See ging. [Sie traf dort am 12.4. nach 36tägiger Fahrt

* Tax Wood war Sandelholz, mit dem die Insulaner ihre Steuern bezahlen konnten; ½ Picul Holz = 4 spanische Dollars

ein.] Das holländische Schiff beendete die Beladung am 5.3. mit 3302 Piculs [und ging zwei Tage später auf die Reise nach Kanton]. Außer der Holzladung nahm der Holländer 5000 lbs Schildpatt im Auftrag von Messrs. Reynolds & Jones an Bord.

Aus den vorstehenden Eintragungen in Stephen Reynolds' Journal geht hervor, daß zwischen der Schiffsleitung der PRINCESS LOUISE und dem König die üblichen Formalitäten der Begrüßung stattfanden. Über diese offiziellen Kontakte hinaus entstanden, von Mr. Reynolds nicht erwähnt, zwischen dem Supercargo und dem König freundschaftliche Beziehungen, wie der folgende Brief erkennen läßt, den der Supercargo W. O'Swald am 30.6.1828 von Kanton an den Präsidenten Rother schrieb:

Als ich auf den Sandwich-Inseln mich aufhielt, ward ich mit dem jetzigen König Kauike-aouli, Sohn des Kamehameha, welcher diese Eilande, die von der Natur durch Lage und Fruchtbarkeit so gesegnet sind, unter seiner Oberherrschaft vereinigte, bekannt. Kriegerisch von Natur, unterhielt er sich gern vom Europäischen Krieges Theater, und ich mußte Kauike-aouli, mit dem ich in ein sehr freundschaftliches Verhältnis kam, besonders viel von dem großen Eri, dem Haupte der Soldaten, vom alten Marschall Blücher und dessen großen Thaten erzählen, welches Kauike-aouli ungemein anzog. Selbst in diese isolierten Inseln des pazifischen Ozeans war der Ruf des alten Marschalls gedrungen, und ich unterließ nicht, ein treues Gemälde von ihm zu entwerfen.

Kauike-aouli bezeugte mir seinen lebhaften Dank; nur die Hunderttausende von Soldaten konnte sein Geist nicht fassen. Als er hörte, daß der alte Marschall gestorben, meinte er ganz threumütig, so würde ihn wohl sein Vater Kamehameha, der auch ein großer Held gewesen, schon kennengelernt haben, und ich versicherte ihm, daß dieses keinem Zweifel unterworfen wäre. Unserer Flagge, welcher er eine besondere Aufmerksamkeit widmete, und die zum ersten Male ihre Banner hier im großen Ozean enthüllte, erwies er alle Ehre an; er erkundigte sich genau nach Seiner Majestät, unserem Könige, und konnte den anderen Eris nicht genug wiederholen. ... Mehrere Male beehrte er mich mit seiner Gegenwart an Bord. Wir beehrten ihn mit dem Königlichen Salut aus unserem groben Geschütz, welcher vom Fort sogleich erwidert wurde.

Es war mir ein recht freundlicher Aufenthalt auf diesen schönen Inseln.

Beim Abschied übergab er mir einen hier im höchsten Werth stehenden Schmuck, es ist ein Kriegsmantel aus den schönsten rothen und gelben Federn, von den Eingeborenen gewebt, den die Könige bei festlichen Gelegenheiten und bei Kriegszügen anlegen. Der alte Kamehameha hatte ihn mehrere Male bei bedeutenden Gelegenheiten getragen. ...

Dieser Mantel, sagte er, hat den großen Kamehameha geschmückt, ich übergebe ihn dir hiermit und bitte Seine Majestät, deinen König, ihn als einen kleinen Beweis meiner großen Hochachtung für ihn, von mir anzunehmen und sich unserer Inseln dabei zu erinnern, die arm sind und nichts Schöneres anzubieten vermögen. –

Ich dankte ihm herzlich und versicherte, daß ich bei meiner Rückkunft ins Vaterland seinen Befehl getreu befolgen würde. – Auf mein Ersuchen schrieb er noch einige naive Worte, die den Inhalt des oben Gesagten ohngefähr ausdrücken, an Seine Majestät, um das Geschenk zu begleiten. Beides, den Federmantel und den Brief, werde ich bei meiner Rückkunft Euer Hochwohlgeboren schuldigst überreichen; es wird den angenehmen Eindruck nicht verfehlen, wie ich mir schmeichle, und unbezweifelt so gnädig aufgenommen werden, im Sinne wie Kauike-aouli es anbot, um seine Verwunderung [sic] *und seine Hochachtung für Preußen und seines erhabenen Landes wahr auszudrücken.*

Die Federn des Mantels stammen von einer besonderen Vogelart, die in zwei Varianten vorkommt, und sind so rar, daß für einen Mantel jahrelang gesammelt wird. Nur der König hatte das Recht, sie unter den ihm gebührenden Tributen zu empfangen.

Der Supercargo O'Swald hat in seinem Brief nicht erwähnt, daß sein königlicher Freund damals ein 14jähriger Knabe war, der den Königsmantel vermutlich nicht ohne Zustimmung der Regentin Kaahumanu verschenken durfte, zumal sie die Witwe des Königs Kamehameha I. war.

Für den Supercargo war die Reise ein besonderer Erfolg; er brachte nicht nur den Königsmantel mit, sondern erzielte mit der Sandelholzladung nach Kanton auch einen unerwarteten finanziellen Gewinn. Die Kontakte mit den englischen und amerikanischen Kaufleuten veranlaßten ihn, seinen Vornamen Wilhelm zu anglisieren; fortan nannte er sich William, abgekürzt »Wm.«.

Nachdem der preußische König den Mantel und den Brief von Kauike-aouli erhalten hatte, ordnete er im September 1829 an, daß der Herrscher in Honolulu ein angemessenes Gegengeschenk bei nächster Expedition eines Seehandlungsschiffes erhalten solle. Die Übergabe der Geschenke in Honolulu am 25.6.1831 ist oben auf S. 77 beschrieben. Für das Schreiben des preußischen Königs, das Kapitän Wendt am 24.6. Kamehameha III. überreichte, hatte der preußische Minister des Auswärtigen, Graf Bernstorff, einen Entwurf gefertigt; der vom König unterzeichnete Brief hatte folgenden Wortlaut:

Meinen Gruß dem Beherrscher der Sandwich-Inseln!

Ich habe Ihr Schreiben vom 5. März 1828 aus Oahu mit dem Schiffe PRINCESS LOUISE *und mit dem Mir geschenkten Kriegesmantel empfangen und lasse Ihnen als Gegengeschenk eine Uniform Meiner Garde und Mein Bildniß, sowie das Bildniß des in Meinem Kriegsdienst gestandenen Feldmarschalls, Fürst Blücher, dem geäußerten Wunsche gemäß, desgleichen die Abbildungen aller Waffengattungen meiner Truppe und eine Charte meiner Länder, mit mehreren anderen Gegenständen, die für Sie und Ihre Gemahlin bestimmt sind, überschicken.*

Ich empfehle Ihnen dabei Meine Unterthanen zum Schutze und zur gastfreundlichen Aufnahme, wenn welche von ihnen Ihren Inseln nahen, und wünsche Ihnen, dem Beherrscher der Sandwich-Inseln, alles Wohlergehen.

Berlin, den 12. Juli 1830

Friedrich Wilhelm

Die Reinschrift wurde auf einen großen Bogen mit kalligraphischen Verzierungen geschrieben. In der Seehandlungs-Direktion wurde eine englische Übersetzung gefertigt, und Wilhelm O'Swald versprach, für eine Übersetzung in die Hawaii-Sprache zu sorgen.

Die Geschenke für den König in Honolulu wurden in Berlin gut verpackt und nach Hamburg expediert; dazu schickte die Seehandlungs-Direktion den nachstehenden Brief, dem ein Verzeichnis der Geschenke beigefügt war, im August 1830 an ihren Hamburger Agenten W. O'Swald. Der Kunstmaler E. Gebauer hatte die Porträts von Friedrich Wilhelm III. und Marschall Blücher in eine besondere Kiste verpacken lassen und eine Anleitung zur Behandlung der Kiste und der Bilder mitgeliefert. Das Porträt des preußischen Königs hatte ein Format von 69 × 92 cm, das von Blücher war in beiden Richtungen um einen Zoll kleiner.

Die General-Direktion schrieb am 9. August 1830 an Herrn O'Swald Wohlgeboren in Hamburg:

Wir haben laut abschriftlich beiliegenden Frachtbrief des hiesigen Schiffes C. L. Humbert vom 4. d. M. folgende Colliers franco Fracht an Sie abgesandt, nämlich

P. L. 1 Kiste ⅛ Centner wiegend, enthaltend das für die Haupt-Kajüte des Schiffs Princess Louise auf Ihren Antrag mit Genehmigung unseres Herrn Chefs angefertigte Brustbild Sr. Majestät des Königs … in einen vergoldeten Rahmen, ferner:

1 Kiste A.O 1	*wiegend 1¼ Centner*	*Geschenke für den Beherrscher der Sandwich-Inseln*
1 Kiste A.O 2	*wiegend 3 Centner*	

Hiervon enthält Nr. 1 das Brustbild Sr. Majestät des Königs in Öhl gemalt und in einem vergoldeten Rahmen, und das des Fürsten Blücher desgleichen. Die Kiste Nr. 2 enthält die übrigen in beiliegenden Verzeichnissen bemerkten Geschenke, in 9 besonderen Paketen Sub. Nr. 1–9 verteilt, wie das in dem besagten Verzeichnisse bemerkt ist. Ew. Wohlgeboren ersuchen wir für die Verladung dieser Gegenstände und deren Ueberlieferung an den Capt. Wendt zu sorgen, wobei wir bemerken, daß die Sachen größtenteils von den betreffenden Verfertigern und Verkäufern selbst sorgfältig verpackt worden und daher eine dortige Umpackung wohl nicht nöthig sein möchte.

Aus der Kiste P. L. wollen Sie gefälligst das Brustbild Sr. Maje-

stät entnehmen und dem Capt. Wendt zur Aufnahme zu dem Inventario der PRINCESS LOUISE *übergeben.*

Berlin den 9ten August 1830

gez. Max A. Wentzel.

Verzeichnis

der, in Folge Allerhöchster Kabinetts Order vom 24. Juni zum Geschenk für den Beherrscher der Sandwich-Inseln, dem Seehandlungs Schiff PRINZESS LOUISE *mit gegebenen Gegenstände.*

verpackt in
A. O. sig. Kisten
unter

No. II. 2. *Ein Sattel mit Gurten, Steigriemen und Cottel zum Anstecken an den Sattel, mittelst eines Fadens.*
2. *Ein paar plattierte ... Mund-Bügel.*
2. *Ein Zaumzeug mit vergoldetem Beschlag, Hinter- und Vorderzeug und Pistolenhalftern.*
2. *Eine plattierte Kandare*
2. *Ein Parade Untergurt mit Kreuzriemen*
2. *Eine feine Reitpeitsche*
2. *Ein paar Pistolen*
2. *Ein paar silberne Sporen*
2. *Eine Garde Husaren Staats Chabraque*
2. *Eine Uniform des 1ten Garde Regiments*
2. *Ein paar Uniform Hosen*
7. *Ein paar platt. silberne General-Epauletts mit Eichen-Blättern*
1. *Ein platt. silb. Port Epée*
8. *Ein Infanterie Degen*
1. *Ein Degen-Gehäng*
9. *Ein Hut mit General Decorationen und Feder*

No. I. *Ein Ölgemälde, Brustbild Sr. Majestät des Königs mit ächt vergoldetem Rahmen*
Ein Ölgemälde, Brustbild des Fürsten Blücher von Wahlstadt mit ächt vergoldetem Rahmen

No. II. 1. *Sechs Hefte des Preußischen Heeres in Steindruck mit goldenem Schnitte und in Maroquin Mappe mit Goldverzierungen*

9. Eine Karte von Preußen
9. Vier Prospekte von Berliner Gebäuden, lackiert mit unächten Goldleisten
9. Ein Plan von Berlin / aufgezogen /
9. Eine Ansicht von Berlin aufgezogen und lackiert mit Erklärung

No. II. *3. Ein gestickter Feldstuhl*
6. Ein Porzellan Lichtschirm
4. Eine eiserne Büste S. M. des Königs
4. Eine dergl. Statue Alexanders
4. Eine dergl. Statue Napoleons
4. Eine dergl. Statue Friedrich II.
4. Eine dergl. Statue Blüchers
1. Ein seidenes Damen Kleid
1. Ein Crepp de Chine Schawl
1. Ein ponceau Flor Tuch
5. Ein Stück/35 Ellen/Spitzen
5. Ein Mode Huth mit Blumen
1. Sechs paar ... seidene Schuhe
9. Ein Stück feine Leinwand
1. Ein Dutzend feine Damenhemden
1. Sechs paar Damenstrümpfe
9. Ein Schmuck von weißen Steinen, bestehend in Kamm, Armbändern, Ohrringe und Halsschnur
9. Eine Mahagony Toilette
5. Verschiedene Parfüms
5. Ein Schildpatt Kamm
5. Ein Holzkamm
5. Zwei Zahnbürsten.

Nachdem Kamehameha III. am 25. Juni 1831 die Geschenke des preußischen Königs erhalten, sie bewundert und sich gefreut hatte, schrieb er einen Dankesbrief an Friedrich Wilhelm III., den Kapt. Wendt mitnehmen sollte. Der hawaiisch geschriebene Brief ging zunächst an Mr. Bingham, den Ober-Missionar, der eine englische Übersetzung beifügte und den gesiegelten Brief am

2. Juli an Bord bringen ließ. Mit der PRINCESS LOUISE gelangte der Brief nach Hamburg und von dort nach Berlin in die Hände des Königs. Der Originalbrief und dessen Übersetzung ins Englische sind anscheinend verlorengegangen; auch in Honolulu ist zum Bedauern der dortigen Historiker keine Kopie auffindbar. Es gibt nur eine deutsche Übersetzung von der ersten englischen Fassung; sie lautet wie folgt:

Große Liebe zu Euch, König von Preußen, mein Freund!
Ich und alle meine Häupter senden unseren zärtlichen Gruß zu Euch und allen Euren Großen. Ich habe soeben die Geschenke erhalten, welche Ihr mir gegeben habt. Ich bin voller Freude über die Vorzüglichkeit der Gegenstände, welche ich auf diese Weise bekommen habe, als: die Königliche Uniform, Huth, Degen, Gemählde, den Sattel und die übrigen Gegenstände.

Ich habe gleichfalls Euren Brief erhalten. Ich versichere Euch die Erfüllung Eures Verlangens, Euren Untherthanen, die meine Inseln besuchen, Schutz zu gewähren.

Mein Vorschlag zu Euch ist, daß wir mögen Beyde freundschaftliche Verbündete seyn, in Jesus Christus, unserem Herrn und Erlöser. Möget Ihr für ewig gesegnet seyn, und Friede seyn mit Eurem Königreiche.

Der Federmantel des Königs Kamehameha des Ersten oder des Großen, den die PRINCESS LOUISE 1829 von Honolulu mitgebracht hatte, war zunächst mit anderen exotischen Gegenständen im Direktionsgebäude der Seehandlungs-Sozietät ausgestellt worden. Dort hatte ihn König Friedrich Wilhelm III. mit kleinem Gefolge zuerst besichtigt, danach wurden interessierte Gruppen eingeladen, um die Ausstellungsstücke in Ruhe zu betrachten, zuerst die hohe Beamtenschaft, dann die Wissenschaftler und schließlich die Kunstkenner. Danach wurde der Mantel in die Königlich Preußische Kunstsammlung aufgenommen und schließlich dem Völkerkunde-Museum in Berlin übergeben. Und dort befindet er sich noch heute! Im Juni 1987 teilte das Völkerkunde-Museum in Berlin-Dahlem (West-Berlin) auf Anfrage nach dem Verbleib des Federmantels mit: »... Er gehört zu den wertvollsten Objekten unserer Südsee-Abteilung und ist in der öffentlichen

Schausammlung an exponierter Stelle ausgestellt (Hawaii, Vitrine 79, Nr. 1)...«

Ein Mantel ist kein großes Stück; aber wenn er bald 200 Jahre alt ist und seit mehr als 160 Jahren in Berlin einen ehrenvollen Platz innehat, so repräsentiert auch er wohl ein kleines Stück deutscher Geschichte.

Nachdem Kapitän Wendt die königlichen Geschenke 1831 in Honolulu übergeben und den Dankesbrief Kamehamehas III. empfangen hatte, war die PRINCESS LOUISE in den 1830er Jahren noch dreimal in Honolulu erschienen, um den Hafenplatz als Zwischenstation auf dem Weg nach Ostasien zu benutzen. Es gibt jedoch in den Archiven keine Unterlagen über weitere offizielle Kontakte der beiden Staatsoberhäupter. Das schließt jedoch nicht aus, daß es freundliche Begegnungen zwischen der Schiffsleitung und Kamehameha III. gegeben hat.

Ihre letzte Erdumseglung machte die PRINCESS LOUISE 1842/44, auf der üblichen Route, die westwärts über den Pazifik führte. Auffallend ist allerdings, daß das Schiff auf dieser Reise die Sandwich-Inseln nicht anlief. Aus dem Schiffsjournal ist lediglich zu ersehen, daß die PRINCESS am 30.9.1843 die Sandwich-Inseln passiert hat. Warum Honolulu nicht angelaufen wurde, um die Möglichkeit zur Übernahme von Trinkwasser und Frischproviant zu nutzen, geht aus den vorliegenden Unterlagen nicht hervor; vermutlich lag es an den Unruhen, die 1843 von den großen Seemächten auf den Inseln angezettelt worden waren. Für kurze Zeit hatte die britische Flagge über den Sandwich-Inseln geweht, und Honolulu war besetzt. Im Juli 1843 hatte jedoch der britische Admiral Thomas die Unabhängigkeit der Inselgruppe wiederhergestellt, und die Insulaner waren froh darüber. Da Kapitän Rodbertus keine neueren Informationen hatte und sich aus etwaigen Wirren heraushalten wollte, segelte er wahrscheinlich nach Manila weiter. Am 30. September 1843 lagen Reede und Hafen von Honolulu voll von Kauffahrern und Walfängern. Gegen Abend rauschte ein Vollschiff am Rande der Reede vorbei, mit ausgebrachten Leesegeln SW-wärts steuernd. Dem aufmerksamen Mr. Reynolds war das nicht entgangen; später am Abend notierte er in seinem berühmten Journal: »Ship ran by at sunset steersails out – suppose Prinzess Louise of Prussia.«

In Preußen hatte 1840 Friedrich Wilhelm IV. den Thron seines verstorbenen Vaters bestiegen, was in der Führung der Seehandlungs-Sozietät keine Änderungen bewirkte. Die königlichen Kontakte mit Kamehameha III. waren bereits 1832 eingeschlafen. Seitdem hatte sich die Wirtschaftslage auf den Sandwich-Inseln günstig entwickelt, angeregt sowohl durch die vielen Walfänger im Pazifik, die vorzugsweise Honolulu als Stützpunkt benutzten, als auch durch die zivilisatorischen Fortschritte der Eingeborenen unter der Zucht der Missionare.

Friedrich Wilhelm IV. in Berlin war überrascht, als er 1846 von Kamehameha III. ein freundliches Schreiben erhielt. Er hatte es in hawaiischer Sprache geschrieben; sein Außenminister R.C. Wyllie hatte eine englische Übersetzung gefertigt und noch ein Begleitschreiben für den preußischen Außenminister beigefügt. Befördert wurde der Brief von dem preußischen Leutnant der Artillerie de Donalliere (Douillere), der sich Ende Juni 1846 in Honolulu befand, und zwar im Gefolge des Commodore Stockton auf dem US-Kriegsschiff ERIE. Kamehameha III. hatte den preußischen Leutnant persönlich empfangen und ihm den Brief anvertraut, nachdem man einige Komplimente ausgetauscht hatte. Der Brief an den preußischen König trug das Datum des 24. Juni 1846 und hatte in Englisch folgenden Wortlaut:

To His Majesty

The King of Prussia

God's Blessing,

I am most thankful for His late King's letter of the 12th July 1830 with his Majesty's portrait and the portrait of Field Marshall Prince Blucher, which adorn my Palace.

The other presents were highly pleasing to me. I am sorry that I cannot make any other return to your Majesty but my good will and respect.

It is my desire that friendly intercourse should increase between your Majesty's Dominions and my Islands. No Foreigners within my jurisdiction are more orderly, industrious, and exemplary in their Conduct than your Majesty's Subjects and other Germans.

From the great interest taken by your Majesty in the Support of Religion and diffusion of Holy Scriptures among your Subjects you will be pleased to know, that under Providence, it is to Christianity, that I owe the great progress made by my Subjects during the last quarter of a Century.

Your well deserving Subject the Lieutenant Douillere, whom I have been glad to see here, will be able to inform your Majesty, how great the progress has been, and of what further improvement my Kingdom is susceptible.

May God preserve your Majesty in Health, Honour and Peace for many years.

(signed) Kamehameha

Der Brief aus Honolulu war diplomatischer Natur; als er geschrieben wurde, waren Kamehameha III. und seine Regierung besorgt, die Unabhängigkeit ihres Inselreichs zu bewahren, und suchten deshalb Anlehnung bei mehreren europäischen Mächten. Sie verhandelten mit Großbritannien, Frankreich und Dänemark. Mit Großbritannien kam es 1846 zum Abschluß eines Freundschaftsvertrages, in dem Kamehameha III. sich unter den Schutz der britischen Krone stellte. Preußen war seinerzeit nur Landmacht ohne eigene Kriegsschiffe; es wollte und konnte an dem machtpolitischen Gerangel im Stillen Ozean nicht teilnehmen. Aber der König hielt es für wünschenswert, seinen Untertanen den Weg zu wirtschaftlicher Betätigung auf den Sandwich-Inseln offen zu halten.

Nach Beratung mit seinen Ministern beschloß Friedrich Wilhelm IV., dem Beherrscher der Sandwich-Inseln als Dank für den freundlichen Brief sein Porträt zum Geschenk zu machen, das der Hofmaler Ernst Gebauer anfertigen sollte. Zusammen mit dem Gemälde sandte er einen Brief an den König in Honolulu, der dort noch heute im Staatsarchiv im deutschsprachigen Original vorhanden ist. Der Text lautet wie folgt:

Meinen Gruß dem Beherrscher der Sandwich-Inseln!

Das Schreiben, welches Sie unter dem 24ten Juni v. J. aus Honolulu an Mich gerichtet haben, ist Mir richtig zugegangen und Ich habe mit lebhaftem Vergnügen daraus ersehen, daß die von Meinem in Gott ruhenden Herrn Vater, des Hochseligen Königs Majestät, mittelst Schreibens vom 12ten Juli 1830 übersandten Geschenke und *namentlich die Bildnisse gedachter Seiner Majestät und des Feldmarschalls Fürsten Blücher, Ihnen eine angenehme und willkommene Gabe gewesen sind. Gestatten Sie Mir, Ihnen gegenwärtig auch mein Portrait als ein Zeichen Meiner Freundschaft und Hochachtung, mit diesen Zeilen zugehen zu lassen.*

Den Wunsch, daß zwischen Meinen Staaten und den von Ihnen beherrschten Inseln ein friedlicher und freundschaftlicher Verkehr sich immer ausbilden möge, theile ich vollkommen, und es hat Mir zu aufrichtiger Genugthuung gereicht, von Ihnen zu vernehmen, daß von den unter Ihrer Herrschaft lebenden Fremden Meine Unterthanen und die übrigen Deutschen sich durch ein ordentliches und fleißiges Benehmen Ihre Zufriedenheit vorzugsweise erworben haben.

Nicht minder ist Mir das Bekenntnis in hohem Grade erfreulich gewesen, welches Sie für die Wahrheit des Christenthums ablegen, indem Sie, gewiß mit vollstem Rechte, den segensreichen Einwirkungen desselben die Fortschritte zuschreiben, die Ihr Volk seit einem Viertel Jahrhundert gemacht hat. Sie werden darin die stärkste Aufforderung finden, auf der so rühmlich betretenen Bahn zu beharren und, wie bisher, in der Ausbreitung und Befestigung des göttlichen Wortes eine der wesentlichsten Aufgaben des Ihnen von der Vorsehung anvertrauten hohen Berufes zu erkennen.

Indem ich Meine in Ihren Besitzungen lebenden Unterthanen auch ferner Ihrem besonderen Schutze und Wohlwollen angelegentlich empfehle, füge ich nur noch den Wunsch hinzu, daß es Ihnen, dem Beherrscher der Sandwich-Inseln, stets wohl ergehe und daß Ihre Regierung eine lange und gesegnete seyn möge.

Sans-souci,
den 30ten Oktober — *Friedrich Wilhelm*
1847 — *König von Preußen*

Um das Porträt und den begleitenden Brief des Königs standesgemäß nach Honolulu zu befördern, besaß Preußen kein Kriegsschiff, und es stand auch kein Seehandlungsschiff mehr zur Verfügung, das zu der Zeit den Stillen Ozean überquerte. Wie Bild und Brief nach Honolulu und in die Hände Kamehamehas III. gelangten, hat der Kapitän zur See J. F. Meuß, Oberbibliothekar des Reichsmarineamtes, im Hohenzollern-Jahrbuch 1912 wie folgt beschrieben:

»Die Versendung geschah durch Vermittlung des preußischen Gesandten in London auf dem englischen Kriegsschiff Asia, das den Konteradmiral Hornby nach der Südsee brachte; die Übergabe erfolgte am 14. Juni 1848 in feierlicher Audienz durch den Kommandanten der englischen Fregatte Constanze.

Kamehameha III. gab seinen Dank in der Audienz zwar Ausdruck, begnügte sich aber diesmal damit, durch seinen Minister dem preußischen Minister des Auswärtigen danken zu lassen. Sein königlicher Freund, der, mochte er auch über tapfere und viele Krieger gebieten, nicht mit eigenem Schiffe seine Geschenke übermitteln konnte, dem die Seemacht fehlte, konnte ihm in seiner Bedrängnis nicht helfen. So lehrt auch die Geschichte dieses Federmantels den Einfluß der Seemacht!«

Außer den drei Porträts aus Preußen haben die Könige der Sandwich-Inseln im 19. Jahrhundert noch weitere Gemälde von europäischen Staatsoberhäuptern bekommen. Nach Friedrich Wilhelm III. und Marschall Blücher, deren Bilder als erste nach Honolulu geschickt wurden, erhielten die Kamehameha-Könige Porträts vom französischen König Louis Philippe, vom Zaren Alexander II. und vom Kaiser Napoleon III. In Honolulu hat man diese Bilder wohl gehütet und bis heute in Ehren gehalten. Als Kamehameha III. sich 1845 einen Palast hatte bauen lassen, fanden die Porträts würdige Plätze in seinen repräsentativen Räumen und behielten sie auch, als der Palast 1863 zu Ehren des verstorbenen Königs Kamehameha IV. in Iolani-Palast umbenannt wurde.

Der Iolani-Palast wurde 1882 durch einen neuen Königspalast ersetzt, der den Namen Iolani und auch die Porträts der europäischen Herrscher übernahm. Daran änderte sich auch nichts, als 1893 die Monarchie zusammenbrach und 1898 die Inseln von den USA annektiert wurden; es änderte sich nur die Zweckbestimmung des Iolani-Palastes. Er diente als Kongreßgebäude bis zum Jahre 1969, als man ein neues Kongreßgebäude oder »Kapitol« einweihte. Es wurde damals beschlossen, den alten Iolani-Palast aus traditionellen Gründen in seiner alten Pracht wiederherzustellen.

Über die Porträts aus Europa brachte das Hawaiian Journal of History 1971 einen ausführlichen Beitrag, aus dem hier in deutscher Übersetzung zitiert wird: »... Die interessantesten dieser Porträts sind zweifellos die von Friedrich Wilhelm dem III. und dem IV., Feldmarschall Blücher, Alexander dem II., Louis Philippe und Louis Napoleon, die zur Zeit alle im Iolani-Palast oder im Staatsarchiv von Hawaii gelagert sind....« Im August 1987 schrieb das Staatsarchiv, daß die Restaurierung des Palastes bis auf Kleinigkeiten vollendet sei. Es fänden Führungen zur Besichtigung statt. Das Porträt von Friedrich Wilhelm IV. sei restauriert und hänge wieder im Speisesaal; das Bildnis Friedrich Wilhelms III. sei bis auf den Rahmen restauriert, Blüchers Porträt warte noch auf die Restaurierung. Im Journal of History heißt es abschließend über die genannten Bilder: »Die Porträts kamen aus Preußen, Frankreich und Rußland nach Hawaii als Geschenke von Königen und Kaisern in Europa für die Könige der Sandwich-Inseln. An den Wänden des Iolani-Palastes hängend, bedeuten sie mehr als nur Zeichen diplomatischer Beziehungen zwischen Staatsoberhäuptern, sie sind greifbare Beweise der internationalen Rivalitäten, die sich im Pazifik abgespielt haben, und des Interesses, mit dem Europa im 19. Jahrhundert nach den Hawaii-Inseln geblickt hat.«

Daß die Landmacht Preußen in der Geschichtsschreibung Hawaiis eine wenn auch kleine Rolle spielt, ist der Seehandlungs-Sozietät als Nebenverdienst anzurechnen.

Nach 1839 kam kein Seehandlungsschiff mehr nach den Sandwich-Inseln, aber in den 1840er Jahren kam gelegentlich schon mal ein deutsches Kauffahrteischiff nach Honolulu, wie zum Beispiel die Bremer Brigg EXPRESS, die um 1845 Honolulu anlief. Ihr Kapitän Hinrich Hackfeld sah sich dort mit Interesse um und war beeindruckt von den vielen Walfängern, die dort wochenlang vor Anker lagen, um die Schiffe für die nächste Fangsaison instand zu setzen und auszurüsten. Das brachte ihn auf den Gedanken, in Honolulu ein Schiffsausrüstungsgeschäft einzurichten.

Kurz entschlossen liierte er sich mit dem Bremer Schiffsmakler G. F. Pflüger, indem er seine Tochter heiratete. Mit ihr und ihren zwei Brüdern segelte er 1848/49 von Bremen mit einer kleinen Schonerbrigg nach Honolulu, den Laderaum voll von Waren, die man für die Einrichtung eines Geschäftes braucht.

Am 1. Oktober 1849 eröffnete Hinrich Hackfeld in Honolulu die Firma »Schiffsausrüstung und Agenturen«, die gut ins Geschäft kam, so daß er seinen Schwager Carl Pflüger schon nach drei Jahren als Mitinhaber aufnahm. Nun konnte sich die Firma H. Hackfeld & Co. auch anderen Geschäftsbereichen zuwenden; sie kaufte Zuckerrohrplantagen und schaffte sich eigene Schiffe an, die unter hawaiischer Flagge Walfang oder Frachtfahrt betrieben.

Von Anfang an besaß Hinrich Hackfeld das Wohlwollen des Königs Kamehameha III. und später auch das seines Nachfolgers. Friedrich Spengemann, ein zuverlässiger Chronist der Segelschiffahrt von den Weserhäfen, berichtet von dem freundschaftlichen Einvernehmen zwischen den hawaiischen Herrschern und den beiden Firmeninhabern. Der König machte oft schon frühmorgens einen Besuch im Kontor, trank Kaffee mit den beiden Chefs und plauderte mit ihnen, um Erfahrungen auszutauschen oder sich auch mal beraten zu lassen. 1862 ging der Firmengründer mit seiner Frau nach Deutschland zurück und überließ die Geschäftsführung in Honolulu seinem Partner J. C. Pflüger.

Bis 1880 hatte die Firma H. Hackfeld & Co. insgesamt 18 Segelschiffe unter der Flagge Hawaiis in Dienst gestellt; das Unternehmen war über den Pazifik hinaus bekannt und angesehen. 1887 starb der Firmengründer; im selben Jahr begann J. C. Pflüger unter seinem Namen ein eigenes Reedereigeschäft aufzuziehen, dessen Schiffe in Bremen beheimatet waren. Sie wurden vornehmlich in der Fahrt nach und von Honolulu beschäftigt, die letzten beiden Segler noch bis 1914.

Die guten Beziehungen, die die Schiffsleitungen der PRINCESS LOUISE zu Kamehameha III. angeknüpft hatten, waren vermutlich eine gute Starthilfe für die Firmengründung des Kapitäns Hinrich Hackfeld; denn die Firma H. Hackfeld & Co. entwickelte sich schnell und wurde eines der erfolgreichsten deutschen Unternehmen in der Südsee.

Von den zwei Sandwich-Insulanern, die mit Seehandlungsschiffen nach Preußen kamen

Als das Vollschiff MENTOR am 14. September 1824 in Swinemünde einlief und damit die erste Weltumseglung im Auftrage der Seehandlung vollendete, brachte es außer seiner Ladung und allerhand exotischen Dingen auch einen jungen Polynesier mit. Er war wahrscheinlich der erste Sandwich-Insulaner in Preußen und wurde mit entsprechender Neugier von der Bevölkerung empfangen. Johann Friedrich Meuß erwähnt den Insulaner in seinem 1913 erschienenen Standardwerk über die Seehandlung und betont, daß der Fremdling auf eigenen Wunsch mit der MENTOR nach Deutschland gekommen sei und daß er nach Ankunft des Schiffes der Obhut des preußischen Königs unterstellt wurde.

Über das weitere Schicksal des Insulaners war Meuß nicht informiert, er vermutete, er sei mit der PRINCESS LOUISE in seine Heimat zurückgekehrt; aber das ist nicht zutreffend, er starb 1872 in Berlin. Einen ausführlichen Bericht über sein Leben in Deutschland veröffentlichte Mrs. Anneliese Moore 1977 in »The Hawaiian Journal of History«. Die Dame, die der Universität von Hawaii als außerordentlicher Professor angehört, hat für ihren 35 Seiten umfassenden Bericht sehr gewissenhaft alles Material benutzt, das nach dem Zweiten Weltkrieg noch in Deutschland zu finden war. Die folgende Darstellung basiert größtenteils auf diesem Bericht, daneben wurden noch einige Aktenstücke aus dem Zentralen Staatsarchiv der DDR ausgewertet.

Gegen Ende des Jahres 1823, als die MENTOR sich in Honolulu für die Fahrt nach Kanton vorbereitete, hatte der Insulaner, der sich Harry nannte und höchstens 16 Jahre alt war, die Schiffsleitung gebeten, ihn auf die Reise mitzunehmen. Obgleich die Besatzung vollzählig war, erkundigten sich Kapitän Harmssen und der stets rege Supercargo O'Swald nach den Familienverhältnissen des Jungen. Als sie erfuhren, daß er Vollwaise war und keine Verwandten hatte, die sich um ihn kümmerten, ließ man ihn mitfahren. Harry erwies sich an Bord als gutwillig und friedfertig. Außer seinem Rufnamen Harry, manchmal auch Henry, führte er den Beinamen Maitey, der in der Hawaii-Sprache soviel wie »gut« oder »brav« bedeutet. Die Deutschen betrachteten Maitey als seinen Nachnamen, obgleich sein ursprünglicher hawaiischer Name Kaparena war.

Nach der Ankunft in Swinemünde berichtete der Kapitän dem Präsidenten Rother, daß er einen jungen Sandwich-Insulaner mitgebracht habe, der auf eigenen Wunsch mitgefahren und ein friedlicher Mensch sei. Auf letzteres besonders hinzuweisen, war wichtig, weil man in Europa nicht vergessen hatte, daß Sandwich-Insulaner den berühmten Captain Cook im Jahre 1779 auf einer Entdeckungsreise umgebracht hatten.

Kapitän Harmssen und Präsident Rother waren sich einig, daß die Seehandlung eine Fürsorgepflicht gegenüber dem Insulaner habe und daß es gut wäre, wenn er unter der Obhut des Königs stände.

In einem Schreiben an den König, datiert am 22. September, wies Präsident Rother auf den Sandwich-Insulaner hin, der freiwillig die Aufnahme zur Mitreise begehrt habe, und erlaubte sich, den Einwanderer dem König zur weiteren Bestimmung anzubieten. Der König antwortete, er wolle seine Bestimmung erst treffen, wenn er den ausführlichen Bericht Rothers habe und der Kapitän mitsamt Supercargo und Insulaner in Berlin seien. Inzwischen hatte Rother den Harry in seiner Familienwohnung aufgenommen, die im zweiten Stock des Seehandlungsgebäudes in der Nähe des Gendarmenmarktes lag. Am 15. Oktober stand fest, daß der König sich für den Insulaner verantwortlich fühlte und sich um seine Erziehung kümmern wollte. Einzelheiten sollte sein Kanzler Albrecht mit Präsident Rother vereinbaren. Die Vossische Zeitung in Berlin berichtete am 18. Oktober ausführlich über Harry Maitey und beschrieb ihn als einen intelligenten und munteren Jungen mit langen, weichen Haaren, dunkler Hautfarbe und Tätowierungen im Gesicht. Der Reporter hatte auch festgestellt, daß Harry kein »r« sprechen konnte, daß er aber deutsche Wörter ohne Schwierigkeiten nachsprach, wenn sie nicht zu viele Konsonanten enthielten.

Nach Entladung der MENTOR veranstaltete die Seehandlung in

ihrem Direktionsgebäude eine Ausstellung von exotischen Waren und Gegenständen, die das Schiff mitgebracht hatte. Harry war auch anwesend und zu kleinen Gesprächen mit den Besuchern bereit. Man bat ihn, ein kleines Lied in seiner Muttersprache zu singen. Zuerst sträubte er sich – wie unsere jungen Damen, schrieb der Reporter –; aber dann sang er doch, auf einem Stuhl sitzend und heftig mit den Armen agierend. Er ließ eine angenehme Tenorstimme hören, aber seine Melodien waren langweilig; sie hatten nur vier oder fünf Töne, und peinlich für die Besucher war, daß er nicht wieder aufhören wollte mit seinem Gesang und den heftigen Armbewegungen. Wer weiß, was in ihm vorging?

Harry wohnte bei Präsident Rother mit einem gewissen Familienanschluß und half ein wenig im Haushalt; mit Rothers Sohn war er befreundet, und in den Ferien nahm man ihn mit auf das Gut Rogau in Schlesien. Obgleich der Präsident ein vielbeschäftigter Mann war, der nicht nur die Seehandlung leitete, bemühte er sich sehr um seinen Schützling, wobei der Sprachunterricht den Vorrang hatte.

Harry fühlte sich bei Rothers wie zu Hause und lebte sich verhältnismäßig schnell in Berlin ein. Gern ging er in der Gegend um den Gendarmenmarkt spazieren und liebte es, sich vornehm zu kleiden. Seine Anzüge wurden aus besten Wollstoffen von erstklassigen Schneidern angefertigt. Auf elegante Schuhe legte er besonderen Wert. Man weiß das alles, weil Präsident Rother gleich bei der Aufnahme seines Schützlings eine Akte Maitey anlegte und dazu ein Kontobuch, in das alle Ausgaben für Harry eingetragen wurden; die Bezahlung regelte die Kasse der Seehandlung.

Da sich Harry beim Servieren recht geschickt anstellte, förderte ihn Rother auf diesem Gebiet besonders und hoffte dabei, daß er ihm später eine Anstellung bei Hofe verschaffen könne. Vorbedingung war jedoch, daß Harry christlich wurde, und das hieß in Preußen Aufnahme in die Evangelische Kirche, also mußte er getauft und konfirmiert werden. Zu Rothers Bedauern machte er nur geringe Fortschritte auf dem Wege zu der geforderten Prüfung. Der zuständige Pastor Rötscher beanstandete die ungenügenden Kenntnisse in der deutschen Sprache und mangelndes Verständnis für den christlichen Glauben. Zwei Monate vor dem festgesetzten Termin lehnte der engstirnige Pastor die für Ostern 1828 vorgesehene Konfirmation ab, »weil des Schülers andauernde Schwäche in der deutschen Sprache ihn darin hinderte, Dogmen wie die Erlösung der Menschheit durch Christus und das Wirken des Heiligen Geistes zu verstehen«.

Präsident Rother war enttäuscht, aber über wen? Seit 1826 schickte er Harry täglich in die neue »Erziehungsanstalt vor dem Halleschen Tor«, die der Berliner Verein zur Erziehung verwahrloster Kinder eingerichtet hatte. Präsident dieses Vereins war Rother, und geleitet wurde sie als Internat von dem Erziehungsinspektor D. T. Kopf. Harry erhielt dort Unterricht in Lesen und Schreiben, Religion und Rechnen, ohne daß er im Internat untergebracht wurde; die Anstalt war von Rothers Wohnung nur eine halbe Stunde entfernt. Die Internatszöglinge waren uniformiert; sie trugen graue Drillichanzüge mit gelben Knöpfen und eine blaue Mütze. Zu ihren Pflichten gehörten Arbeiten in Haus, Hof und Garten. Das alles blieb Harry erspart.

Der Anstaltsleiter Kopf, der sich mit Harry viel Mühe gab, mußte Herrn Rother berichten, daß sein Schützling leider in Deutsch und Religion nur geringe Fortschritte mache, aber in Rechnen und Schreiben gut sei. Also bemühte sich Rother um Nachhilfeunterricht in Deutsch und gewann als Lehrer für Harry keinen geringeren als Wilhelm von Humboldt. Als Sprachforscher wäre er der geeignete Mann für Harry, dachte Rother, aber anscheinend hat der Lehrer von dem Unterricht mehr profitiert als der Schüler. Jedenfalls gab es eine kleine Schrift unter dem Titel: »Wörter der Sandwich-Sprache in bunter Ordnung von W. von Humboldt eigenhändig bei der Vernehmung des Eingeborenen Maitey niedergeschrieben«.

Im März 1827, als Präsident Rother Harry 2 ½ Jahre beherbergte, richtete er ein Schreiben an seinen König, der bislang wenig Interesse für den Sandwich-Insulaner gezeigt hatte. Rother berichtete Seiner Königlichen Majestät, daß Harry Maitey trotz vieler Bemühungen immer noch Schwierigkeiten mit der deutschen Sprache und dem christlichen Glauben habe, aber sehr reinlich und ordnungsliebend sei. Vorzüglich geeignet sei der Insulaner für Bedienung, schrieb Rother, und fuhr dann »allerunterthänigst« mit der Frage fort, ob der König geruhen wolle, Harrys Annahme bei Hofe zu befehlen. Ergänzt wurde die Frage durch den Hinweis, daß im Falle einer Annahme Harry seine Unterrichtsstunden beim Erziehungsinspektor Kopf täglich besuchen müsse, bis seine Ausbildung abgeschlossen sei.

Die Antwort des Königs war kurz und bündig, daß er über die Verwendung des Insulaners erst nach dessen Taufe und Einsegnung bestimmen wolle; bis dahin solle der Unterricht in der deutschen Sprache und in der Religion fortgesetzt werden.

Im Sommer 1827 mußte Rother zur Kur und konnte Harry nicht mitnehmen; deshalb schickte er ihn von Juni bis Oktober in das Internat des Erziehungshauses. Es fiel Harry schwer, sein Heim bei Rothers so lange zu verlassen, obgleich man ihm im Internat eine Sonderstellung einräumte. Er brauchte keine Uniform zu tragen und durfte am Tisch des Herrn Kopf essen. Im Sommer 1828 mußte Harry wieder ins Internat, weil Rothers ihn nicht mit nach Schlesien nahmen. Wahrscheinlich wurde der ständige Hausgast über die Jahre hinweg zu einer Belastung der Familie. Das mühsame Sprechen Harrys muß für die Menschen seiner Umgebung irritierend gewesen sein, und vielleicht auch sein »Waschzwang«. Er nutzte jede Gelegenheit, sich zu waschen oder zu baden; damit seine Haut heller würde, meinte Rother.

Im Sommer 1828 war Harrys Übersiedlung in das Internat der Erziehungsanstalt endgültig, was ihn sehr betrübte, obgleich er wieder die Sonderstellung bekam, die man ihm auch im Jahr zuvor gewährt hatte. Man forcierte den Unterricht in Deutsch und Religion, um Harry endlich die Aufnahme in die Kirche zu ermöglichen. Zum neuen Jahr 1829 schrieb Harry eigenhändig an seinen Wohltäter Rother:

Hochwohlgeborener Herr,
Gnädiger Herr Präsident!
Ew. Hochwohlgeboren wünsche ich zum neuen Jahre Viel Glück und Segen, Gesundheit und Freude. Ich werde recht gut seyn und fleißig lernen, damit ich bald getauft werden kann, dann bleibe ich immer bei meinem lieben Herrn Präsident; und bediene ihn treu, und mein Herr Präsident wird mich lieb behalten.
1. Januar 1829 *Harry Maitey*
ein Sandwich-Insulaner

Aus der Akte Maitey war nicht zu ersehen, ob der Leiter des Erziehungshauses bei der Abfassung ein wenig Hilfe geleistet hatte.

Im neuen Jahr erhielt Präsident Rother vom Inspektor Kopf die erfreuliche Nachricht, daß der verständnisvolle Pastor Hossbach bereit sei, Harry Maitey im April in seinen Konfirmandenunterricht aufzunehmen, so daß mit seiner Konfirmation zu Ostern 1830 zu rechnen sei.

Ende 1829, als Harry noch ein Heide war, passierte ihm – ausgerechnet im Hause seines Wohltäters – eine schwerwiegende Entgleisung, die einzige, die von ihm überliefert ist. Bei Rothers wurde ein Galadiner veranstaltet, und der Präsident hatte neben einigen Lohndienern auch Harry zum Servieren kommen lassen. Während des Servierens hatte Harry, der bisher nur das leichte Berliner Weißbier kannte, Wein getrunken; vielleicht hatte ihn einer seiner Kollegen dazu verführt. Als ihn dann einer der Diener um einen Taler Trinkgeld prellen wollte, verlor er seine gewohnte Friedfertigkeit und beschimpfte vor Rothers Gästen den unehrlichen Diener mit den heftigsten Worten. Auch das Erscheinen Rothers konnte ihn nicht beruhigen; er wurde noch lauter, aber seine Worte waren kaum verständlich. Rother war sehr enttäuscht und erzürnt, weil sein Schützling ihn vor seinen Gästen blamiert hatte. Eine schwere Bestrafung stand Harry bevor; Präsident Rother wies den Anstaltsleiter Kopf an, Harry für eine Woche bei Wasser und Brot einzusperren, ihm Stockschläge zu verabfolgen und ihn in Zukunft am Tisch der Zöglinge essen zu lassen, an dem es nur einfaches Essen gab. In dieser Situation bewies der Erziehungsinspektor, daß er mehr Erzieher als Inspektor war, denn er bat Rother um eine Reduzierung der Strafe: Stockschläge für den 22jährigen Harry lehnte er grundsätzlich ab, drei Tage bei Wasser und Brot hielt er für ausreichend, und für die Einnahme der Mahlzeiten schlug er vor, daß Harry in Zukunft an einem besonderen Tisch sitzen solle. Nach einigen Tagen stimmte Rother den Vorschlägen des Anstaltsleiters zu. Harry war völlig zerknirscht, als Herr Kopf die Sache mit ihm besprach. Er sagte, er könne jede Demütigung ertragen, wenn nur der von ihm verehrte Herr Rother ihm verzeihen würde, und er weiterhin mit seinem Sohn sprechen dürfe. Im

Laufe der Zeit zeigte es sich, daß Harry Rothers Wohlwollen nicht verloren hatte.

Pastor Hossbach taufte und konfirmierte den Insulaner Maitey am 23. April 1830 in der Neuen Kirche am Gendarmenmarkt. Es war eine private Zeremonie, bei der außer dem Novizen und dem Pastor nur die Zeugen und Taufpaten anwesend waren, nämlich Rother, Kopf und Stadtrat Hollmann, der den Bau der Erziehungsanstalt angeregt und gefördert hatte. Der Täufling war sorgfältig gekleidet; er trug einen neuen dunklen Anzug, einen Zylinderhut und ein weißes Hemd mit hohem Kragen, wie sie früher als »Vatermörder« bekannt waren, schreibt Anneliese Moore im Hawaiian Journal of History.

Durch die Taufe erhielt der Insulaner die deutschen Vornamen Heinrich Wilhelm, als Nachname wurde Maitey eingetragen und als Geburtstag der 23. April 1807; ein fiktives Datum, denn der wirkliche Geburtstag war unbekannt. Einer der Taufpaten schenkte Maitey nach der Zeremonie ein Goldstück. Das Abendmahl nahm der Fremdling am selben Tag gemeinsam mit den Zöglingen ein, die ebenfalls konfirmiert worden waren. Als der Tag zu Ende ging, kehrte Maitey mit Inspektor Kopf in die Erziehungsanstalt zurück; sein Wunschtraum, für immer mit dem lieben Herrn Präsidenten im Haus am Gendarmenmarkt bleiben zu können, erfüllte sich nicht.

Mit der Aufnahme in die Evangelische Kirche endete die Ausbildung Maiteys; es galt jetzt, eine Beschäftigung für ihn zu finden, damit er auf eigenen Beinen stehen konnte; denn er war mittlerweile etwa 23 Jahre alt geworden. Rother und Kopf bemühten sich gemeinsam um ihn; beide wußten, daß er durch seine Sprachschwierigkeiten und sein fremdartiges Aussehen benachteiligt war, und hofften deshalb, ihn in einer dauerhaften Stellung am königlichen Hof unterbringen zu können. Bezugnehmend auf den Briefwechsel im März 1827 schrieb Präsident Rother am 25. April 1830 an den König, daß der Sandwich-Insulaner Maitey nunmehr getauft und eingesegnet sei und auch am Abendmahl teilgenommen habe.

Im weiteren Verlauf des Briefes bittet Rother den König um seine Befehle für eine geeignete Beschäftigung des Heinrich Wilhelm Maitey und weist erneut auf seine guten Charaktereigenschaften und die erworbenen Fähigkeiten hin, erwähnt aber auch, daß sein Schützling »im Deutschsprechen noch anstößt, welches... vielleicht auch fehlerhaften Sprachorganen zuzuschreiben ist«. Rother empfiehlt ihn trotzdem für das Bedienungsfach, in dem »er gewiß den Erwartungen entsprechen wird«.

Am 2. Mai ging eine Ordre des Königs an den Hofmarschall Freiherrn von Maltzahn, der berichten sollte, ob der Maitey zum Lakaien-Dienst geeignet sei. Der Hofmarschall berichtete erst am 26. Juni wie folgt: »Der Maitey ist klein und unansehnlich und qualifiziert sich nach meiner Ansicht durchaus nicht zum Hoflakayen. Er scheint ein gutmütiger Mensch zu sein, aber im Übrigen wenig Fähigkeiten zu besitzen, so daß... ich auch keine anderweitige paßliche Anstellung für ihn in Vorschlag zu bringen weiß. ...«

Das war ein harter Schlag für den Wirklichen Geheimen Ober-Finanzrat und Präsidenten Rother, der jedoch den Kampf für seinen Schützling nicht aufgab. Er erinnerte an einen afrikanischen Neger, der vor einigen Monaten bei Hofe angestellt worden war, und schrieb am 6. Juli einen dringenden Brief an einen ungenannten, aber »Hochverehrten Freund und Gönner«, der anscheinend die Lage völlig veränderte. Der immer gut informierte Hofmarschall ging auf Gegenkurs und machte schon am nächsten Tag den Vorschlag, dem Sandwich-Insulaner Maitey ab 1. Juli ein jährliches Gehalt von 300 Talern zu zahlen und ihn als Kanzlei-Boten zu beschäftigen. Der Vorschlag wurde von höchster Stelle bewilligt. Maitey bekam das bewilligte Gehalt, wurde aber nicht Kanzlei-Bote, weil ihn des Hofmarschalls Geheimrat Bussler durch das Kanzlei-Boten-Examen fallen ließ. Doch der Geheimrat hatte eine geniale Idee und schlug vor, daß man einen Insulaner auf einer Insel beschäftigen solle, und meinte damit die zauberhafte Pfaueninsel, die in der Havel zwischen Potsdam und Berlin liegt. Als Assistent des Maschinenmeistes Friedrich wurde Maitey im Sommer 1830 dem Personal der Pfaueninsel zugeteilt.

Bei der Seehandlung wurde die Akte »Maitey« abgeschlossen; denn der Insulaner gehörte nun zum Königlichen Haushalt, in dessen Büchern er als »Schützling des Königs« und als »Assistent des Maschinenmeisters« geführt wurde.

Der König liebte seine Pfaueninsel, die Theodor Fontane in

seiner Kindheit so beeindruckte, daß er sie viel später noch mit Begeisterung beschrieben hat: »Wie ein Märchen steigt ein Bild aus meinen Kindertagen vor mir auf: ein Schloß, Palmen und Känguruhs, Papageien kreischen, Pfauen sitzen auf hohen Stangen oder schlagen ein Rad:« Friedrich Wilhelm II. hatte auf der Insel einen Park anlegen und ein Schloß bauen lassen. Friedrich Wilhelm III. tat noch mehr für die Insel; aus dem etwa 1500 m langen und 500 m breiten Eiland wurde eine reizvolle Parklandschaft mit fremdartigen Pflanzen und Tieren. 1820 baute man ein Wasserwerk, 1830 entstand ein viel bewundertes Palmenhaus. Die exotischen Tiere erhielt der König als Geschenk von anderen Potentaten: Manchmal brachte auch ein Seehandlungsschiff ein seltenes Exemplar mit, einmal war es ein Löwe, ein anderes Mal zwei große, sehr seltene Vögel, für die Kapitän Wendt auf den Sandwich-Inseln zehn Spanische Piaster hatte zahlen müssen.

Friedrich Wilhelm III. besuchte die Pfaueninsel im letzten Jahrzehnt seines Lebens sehr gern, sie diente ihm als Ruhesitz in der Nähe seiner Hauptstadt. An zwei oder drei Tagen in der Woche war die Insel für das Publikum zugänglich, das bei schönem Wetter in großen Scharen kam.

Auf der Pfaueninsel brauchte man königliches Personal, und zwar für die Bedienung der königlichen Gäste wie auch für die Pflege der Pflanzen und Tiere. Ein Fährmann war nötig, und für das Pumpwerk und die technischen Einrichtungen hatte man den bereits erwähnten Maschinenmeister Friedrich. Maitey wohnte in einem kleinen, spärlich möblierten Zimmer im Hause des Ehepaars Friedrich.

Der Maschinenmeister Friedrich entdeckte bald, daß Maitey ein sehr geschickter Holzschnitzer war, der kleine Kunstwerke schaffen konnte, angeblich auch aus Knochen, Elfenbein und Perlmutter. Da Friedrich selber schnitzte, aber nicht so gut, soll er manche Figuren und Miniaturen des Insulaners für seine eigenen Werke ausgegeben und an den Mann gebracht haben.

Maitey hatte sich auf der Insel mit einem Tierpfleger namens Becker angefreundet, mit dem er sich sehr gut verstand. Zu gut, meinten einige Leute; aber es sollte noch besser kommen. Becker hatte eine Tochter Dorothea; als Maitey die 16jährige beim Füttern der Wasservögel und Pfauen sah, verliebte er sich auf den ersten Blick in das Mädchen, und der Wunsch, sie zu heiraten, wurde immer stärker.

Dorotheas Eltern hatten keine Einwände, aber Maitey brauchte einen königlichen Heirats-Consens. Er schrieb ein Gesuch nach dem anderen, ohne eine Antwort zu bekommen; er hörte nur Vertröstungen vom Hofpersonal, das vermutlich die Gesuche gar nicht weiterleitete. Die Zeit verging, und Maitey war dem Verzweifeln nahe, nachdem er schon Geschirr und Möbel gekauft hatte. Im Frühjahr 1833 wandte er sich schließlich an den Seehandlungspräsidenten Herrn von Rother, der 1831 vom König geadelt worden war, aber seinen Schützling aus der Südsee nicht vergessen hatte. Der hohe Herr war nicht nur ein tüchtiger Präsident und Finanzminister, sondern bewies in Sachen Maitey auch charakterliche Qualitäten.

Da er wußte, wie es bei Hofe zuging, trieb er die Sache voran, so daß der Hofmarschall Freiherr von Maltzahn nicht umhin konnte, am 6. Juli 1833 an den König zu schreiben, daß Heinrich Maitey den Wunsch hege, sich zu verheiraten; er, der Hofmarschall, habe vergeblich versucht, ihm diesen Wunsch auszureden. Da Maitey seinen Wunsch immer wieder vorbringe, fühle er sich veranlaßt, dem Könige Anzeige zu machen und ehrerbietigst zu fragen, ob er Maitey den Consens zur Verheiratung erteilen dürfe.

Weiter wies der Hofmarschall in seinem Brief darauf hin, daß Maitey sich im Falle der Verheiratung eine Wohnung in der Nähe der Insel suchen müsse, damit der Maschinenmeister Friedrich ihn auch in Zukunft mit angemessenen Arbeiten beschäftigen könne und Maitey sich nicht dem Müßiggang hingebe. Für die Wohnung des Ehepaares wurde die Bewilligung eines Quartiergeldes von 50 Thalern erbeten. Heirats-Consens und Quartiergeld wurden am 12. Juli bewilligt; die Hochzeit fand am 28. August 1833 in der Kirche des Dorfes Stolpe statt; eine Wohnung fand man etwa 4 km unterhalb der Pfaueninsel in dem Dorf Klein-Glienicke, das etwa 300 Einwohner hatte. Maitey behielt seinen Arbeitsplatz auf der Pfaueninsel und mußte täglich den Weg hin und zurück machen; oft fand er eine Gelegenheit, von einem Wagen oder Boot mitgenommen zu werden.

Im Laufe der Jahre ließ der Diensteifer Maiteys nach und entsprach nicht mehr den preußischen Normen, was vom Maschinenmeister Friedrich »nach oben« gemeldet wurde. Am Königshof jedoch wußte man durch den Umgang mit Alexander von Humboldt, daß die Mentalität der Menschen in außereuropäischen Kulturkreisen sich von der europäischen teilweise unterscheidet. Dem entwurzelten Polynesier sah man deshalb eine gewisse Lässigkeit nach und sorgte dafür, daß er nicht unter Druck gesetzt wurde. Man versetzte ihn vom Maschinenmeister Friedrich zum Garteninspektor Fintelmann.

Dem Ehepaar Maitey wurden drei Kinder geboren, von denen zwei als Säuglinge starben. Der 1839 geborene Sohn Eduard ist 67 Jahre alt geworden. Von seinen Kindern erreichte nur eine Tochter das Erwachsenenalter, blieb aber unverheiratet. Heinrich Wilhelm Maitey starb am 26. Februar 1872 im Alter von 64 Jahren; die Eintragung im Kirchenbuch von Klein-Glienicke wurde durch den Vermerk »Pensionär des Königs« ergänzt. Er starb an den Schwarzen Pocken, die in der Gegend auftraten, nachdem französische Kriegsgefangene aus der Festung Spandau zu Forstarbeiten in der Umgebung eingesetzt worden waren.

Aus Maiteys letzten Dienstbezügen von 330 Thalern plus 50 Thalern Wohngeld berechnete man für seine Witwe eine jährliche Pension von 75 Thalern, die von der »Allgemeinen Wittwen-Verpflegungs-Anstalt« gezahlt wurde. Der Betrag reichte auch für eine einfache Lebensführung nicht aus. Da die Witwe kein Vermögen besaß, zu alt und kränklich war, um sich einen Nebenverdienst zu beschaffen, und auch ihr Sohn, der mit seiner Familie in Potsdam lebte, als Diätarius am Kreisgericht nicht genug verdiente, um seine Mutter zu unterstützen, hatte ein Gesuch um eine Erhöhung ihrer Bezüge Erfolg. Auf Vorschlag des Ministers bewilligte ihr König Wilhelm einen Zuschuß von 60 Talern, der aus dem »Kronfideikommißfonds« gezahlt wurde.

König Kalakaua, der die Sandwich-Inseln seit 1874 mit Hilfe amerikanischer Minister regierte, unternahm 1881 eine Reise um die Erde, auf der er auch Berlin, Potsdam und Klein-Glienicke besuchte. Prinz Wilhelm unterhielt den interessanten Gast in Potsdam, und Prinz Karl gab ihm zu Ehren ein Galadiner in Klein-Glienicke. Dort zeigte sich Kalakaua am Nachmittag der Bevölkerung. Maitey war zwar schon neun Jahre vorher verstorben; aber die älteren Leute stellten mit Genugtuung fest, daß König Kalakaua ihrem langjährigen Mitbürger Maitey ähnlich sehe.

Man hatte Maitey auf einem kleinen Friedhof querab von der Pfaueninsel begraben. Seine Frau, die ihn um 17 Jahre überlebte, wurde neben ihm beigesetzt. Auf dem Grabstein steht: »Hier ruhen in Gott der Sandwichs-Insulaner Maitey † 1872 [und] Frau Dorothea Maitey geb. Becker † 1889«. Die Berliner haben den Grabstein nach dem Zweiten Weltkrieg vor der geplanten Vernichtung bewahrt; das Amt für Stadtbildpflege hat den kreuzförmigen Granitstein restaurieren lassen.

Eduard Maitey, der Sohn, starb 1906 in Potsdam; kurz vor seinem Tod soll er seinem Arzt gesagt haben, daß die traurige (?) Lebensgeschichte seines Vaters mal aufgeschrieben werden müßte. Das geschah in den Jahren 1930/33 in Zeitschriftenartikeln durch Cäsar von der Ahé.

Das Schicksal des zweiten Sandwich-Insulaners

Nach der großen Reise des Vollschiffes MENTOR, das den Harry Maitey mitgebracht hatte, war die PRINCESS LOUISE das nächste Seehandlungsschiff, das eine Weltumseglung machte und auch nach Honolulu kam. Sie wurde von Kapitän Harmssen geführt und vom Supercargo O'Swald begleitet, die beide – wie schon erwähnt – auf der MENTOR-Reise ihre Erfahrungen gemacht hatten. In Honolulu erzählte der kontaktfreudige Supercargo dem jungen König viel von Preußen und seinem Freiheitskampf gegen Napoleon; vielleicht waren es O'Swalds Erzählungen, die bewirkten, daß gleich zwei Insulaner auf der PRINCESS LOUISE fragten, ob sie mitfahren dürften. Im Hinblick auf das freudige Aufsehen, das der erste Sandwich-Insulaner in Swinemünde und Berlin erregt hatte, waren Kapitän Harmssen und sein Supercargo bereit, beide Bewerber nach Berlin zu bringen. Doch das Schicksal war dagegen; nur einer von ihnen erreichte Berlin, und auch dieser lebte dort nicht lange.

Es gab viele Krankheiten auf jener Heimreise, die von Kanton über Manila und Singapore um das Kap der Guten Hoffnung führte. Als erster starb der Zweite Steuermann, später folgten zwei Matrosen, die auf See bestattet werden mußten, und schließlich starb auch der eine der beiden Insulaner. Auch er wurde auf See in der üblichen Weise beigesetzt, auf der Strecke zwischen der Sunda-Straße und dem Kap der Guten Hoffnung, das am 16. Mai 1824 passiert wurde. Der Supercargo schrieb später in einem Brief nach Hause, daß die Besatzung auch seinen Tod aufrichtig bedauert hätte; er sei hübsch gewesen, »ein sanfter lieber Knabe, dem wohl ein besseres Los zu wünschen gewesen wäre«. Sein Tod war die Folge einer schweren Ruhrerkrankung. Die Südsee-Insulaner hatten generell wenig Abwehrkräfte gegen manche Infektionskrankheiten, die es auf den Inseln nicht gab.

Der andere Insulaner überstand die Strapazen der langen Seereisen, wenngleich er, wie manche anderen Mannschaftsmitglieder auch, unter Skorbut zu leiden hatte, was sich erst besserte, als das Schiff von St. Helena Frischproviant erhielt. Der Insulaner wurde an Bord Jony genannt, sein hawaiischer Name war Kahopimeai. Er war nicht sonderlich freundlich und galt als reizbar; auffallend war sein ständiges Verlangen nach frischen Früchten.

Anders als 1824 in Swinemünde erregte die Ankunft eines fremdrassigen Menschen in Hamburg kein Aufsehen, und auch von der Ankunft der PRINCESS LOUISE nahm man nicht mehr Notiz als von anderen Seglern, als sie im August 1829 in Hamburg eintraf. Das Schiff blieb fast ein Jahr im Hamburger Hafen liegen und wurde nach der Entlöschung grundüberholt. Wahrscheinlich blieb Jony noch längere Zeit an Bord und machte sich nützlich. Anneliese Moore schrieb in ihrer Arbeit über Harry Maitey, daß Jony noch im Jahre 1829 nach Berlin und in die Erziehungsanstalt vor dem Halleschen Tor gekommen sei, doch konnte ich dafür keine Bestätigung finden.

Sicher ist, daß die Seehandlungsdirektion auch für Jony eine Fürsorgepflicht anerkannte; aber da er nicht der »Erste« war, wurde für ihn nicht mehr so viel getan wie damals für Harry Maitey.

Unklar ist, wie er das erste Jahr nach der Ankunft in Hamburg verbracht hat. Bei der Seehandlung wurde erst im Oktober 1830 eine Akte »Jony« angelegt. Sie enthält als Aktenstück Nr. 1 ein Schreiben, das Erziehungsinspektor Kopf am 16. Oktober an Präsident Rother richtete. Daraus geht hervor, daß Jony als normaler Zögling aufgenommen wurde und nach dem Befehl des Präsidenten genau so behandelt werden sollte wie die übrigen Zöglinge.

Jony hatte etwas mehr als 7 Taler Bargeld bei sich, die ihm abgenommen wurden, als er in die Anstalt kam. 6 Taler zahlte Kopf auf ein Sparbuch ein, von dem Rest gab er Jony ab und zu einen Groschen, damit er sich Obst kaufen konnte; denn die Obsternte der Anstalt war 1830 ausgefallen. Kopf ließ Jony in der Schlosserwerkstatt arbeiten und schrieb dazu, daß er zu dieser Profession anscheinend Lust und Anlage habe. In dem Brief an Rother heißt es weiter, daß Jony, falls er das Handwerk auslerne und in den Gesellenstand aufgenommen würde, gleichzeitig aber auch zur Aufnahme in die christliche Kirche reif wäre, nach den Sandwich-Inseln zurückkehren könne, als ein nützliches Geschenk des Preußenkönigs an den König der Sandwich-Inseln. Rother nahm diese Anregung in einem knappen Antwortschreiben positiv auf.

Kopf hatte in seinem Brief erwähnt, daß die Nachrichten, die er über Maitey eingeholt habe, sehr günstig lauteten. Aus anderer Quelle stammt die Angabe, daß Jony seinen Landsmann Maitey auf der Pfaueninsel besucht habe, sich aber auf der Insel nicht wohl fühlte. Anscheinend hatte ihn das Heimweh gepackt, so daß er voller Verzweiflung auf der Insel herumlief. Inspektor Kopf, der beide Insulaner als Schüler kennenlernte, hielt Jony für wesentlich intelligenter als Harry.

Einige Monate ging anscheinend alles gut mit Jony, bis Inspektor Kopf am 19. Februar 1831 dem Präsidenten schrieb: »..., daß der Sandwich-Insulaner Jony seit dem Tage, wo er bei Euer Hochwohlgeboren war, krank ist. Er leidet an der Brust, hustet gewaltig, wirft stark aus und hat öfters Nasenbluten. Es scheint, als behagte ihm das nördliche Klima weniger als dem Harry, auch ist er in seiner Krankheit viel verdrießlicher und ungeduldiger als Harry unter ähnlichen Verhältnissen war. ...« Unter dem 25. Februar teilte Kopf dem Präsidenten eine kleine Besserung des Patienten mit; das Nasenbluten hatte aufgehört und der Auswurf war nicht mehr so heftig. Am Schluß des Briefes schrieb Kopf: »Maiteys Besuch hat auf den kranken Jony sehr wohlthätig gewirkt.«

Um es kurz zu machen, Jony war todkrank, die kleine Besserung bedeutungslos. Inspektor Kopf und seine Frau pflegten ihn so gut es damals ging. Rother erhielt täglich einen Bericht von Kopf, den er jedes Mal beantwortete. Er zog eine Verlegung in die Berliner Charité in Erwägung, von der Kopf jedoch abriet, und er ersuchte den Inspektor, warmes Flanellzeug für den Kranken zu kaufen und auch sonst keine Kosten zu scheuen. Aber Jony Kahopimeai starb nach qualvollen Tagen Ende Februar. Am 2. März 1831 wurde er auf dem Jerusalemskirchhof, links der Chaussee nach dem Kreuzberg, mit Anstand beigesetzt. Eine Sondergenehmigung war nötig, weil Jony noch nicht getauft, also im Sinne der Kirche ein Heide war. Die Beerdigungskosten betrugen 15 Reichsthaler, darin enthalten waren 6 Thaler für den Sarg.

PRINCESS LOUISES Reiseweg auf ihrer Weltumseglung 1830/32

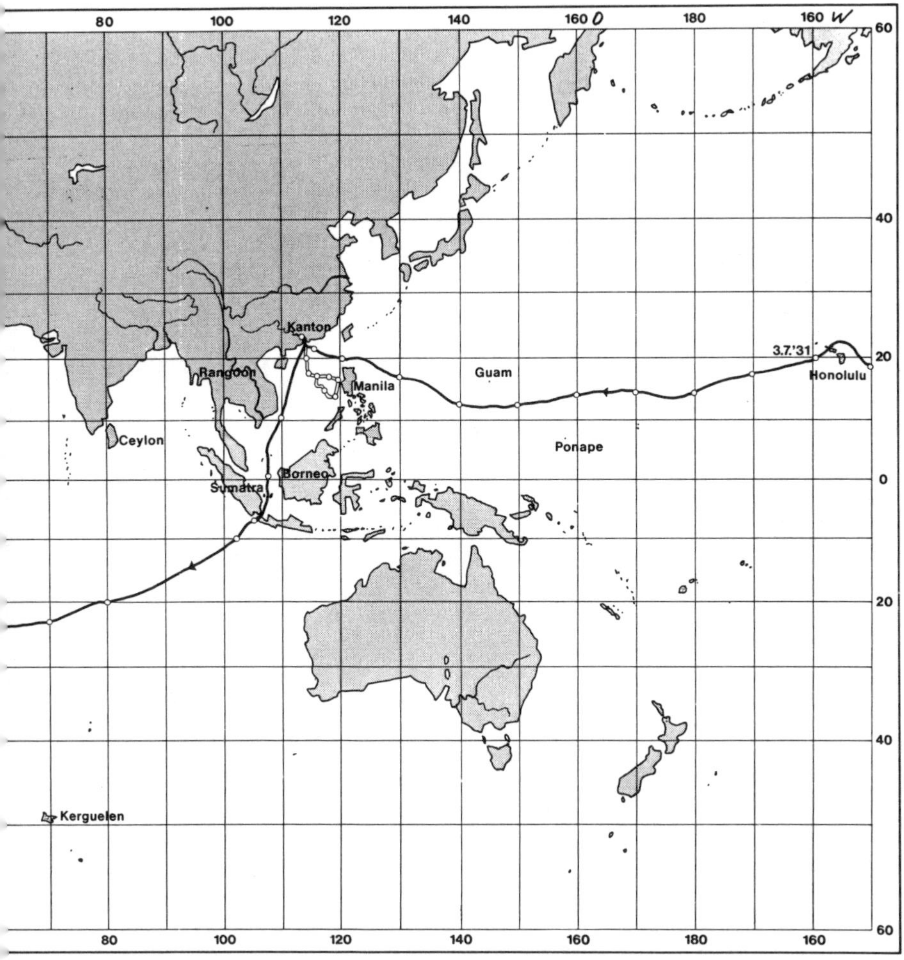
80
100
120
140
160 O
180
160 W
60
40
20
0
20
40
60
Kanton
Rangoon
Manila
Guam
3.7.'31
Honolulu
Ceylon
Ponape
Borneo
Sumatra
Kerguelen
80
100
120
140
160
180
160

Quellen- und Literaturverzeichnis

I. Unterlagen und Auskünfte folgender Institutionen:

Deutsches Hydrographisches Institut, Hamburg
Geheimes Staatsarchiv (Preußischer Kulturbesitz), Berlin (West)
Mission Houses Museum, Honolulu, Hawaii
Museum für Völkerkunde, Berlin (West)
Staatsarchiv Hamburg
State Archives of Hawaii, Honolulu
The Friends of Iolani Palace, Honolulu
Zentrales Staatsarchiv der DDR, Dienststelle Merseburg

II. Literatur:

Arenhold, Lüder: Erinnerungsblätter an die Königlich Preußische Marine 1848–1860. Berlin 1904.

Berghaus, Heinrich: Sechs Reisen um die Erde der Seehandlungsschiffe MENTOR und PRINZESS LOUISE in Bezug auf Physik und Hydrographie. Breslau 1842.

Enzyklopädisches Lexikon für Geld-, Bank- und Börsenwesen. Frankfurt/M. 1957.

Hamburgische Börsenhalle, Schiffahrtsnachrichten, 1832, 1849.

Hartmann, Stefan: Unternehmungen der preußischen Seehand-

lung in der ersten Hälfte des 19. Jahrhunderts am Beispiel des Schiffes PRINZESS LOUISE. In: Hauser, Oswald: Vorträge und Studien zur preußisch-deutschen Geschichte. Köln/Wien 1983.
Herders Konversations-Lexikon. 3. Aufl. Freiburg 1906.
Hohenzollern-Jahrbuch, 16. Jahrgang. Berlin/Leipzig 1912.
Lubbock, Basil: The Opium Clippers. Glasgow 1933.
»Meereskunde«, 10. Jahrgang. Berlin 1916.
Meyers Enzyklopädisches Lexikon. 9. Aufl. Mannheim 1977.
Meyers Lexikon. 3. Aufl. Leipzig 1876.
Meuß, Johann Friedrich: Die Unternehmungen des Königlichen Seehandlungs-Institutes zur Emporbringung des preußischen Handels zur See. Berlin 1913.
Meuß, Johann Friedrich: Die Geschichte der preußischen Flaggen. Berlin 1916.
Dr. Meyen, Franz Julius Ferdinand: Reise um die Erde, ausgeführt auf dem Königlich Preussischen Seehandlungs-Schiffe PRINZESS LOUISE ... Berlin 1834.
J. C. H. Wilhelm Oswald auf seiner ersten Reise um die Welt in den Jahren 1822–1824. Hamburg 1915.
Oswald, J. C. H. Wilhelm (William): Bericht über die zweite Expedition um die Welt mit dem Königlich Preußischen Schiff PRINZESS LOUISE 1825–1829. Hamburg 1917.
Ring, V.: Asiatische Handelskompagnien Friedrich des Großen. Berlin 1890.
Schiffsjournal der PRINCESS LOUISE von der Erdumseglung 1830/32.
Scholl, Lars U.: Die PRINCES LOUISE der Königlich Preußischen Seehandlungs Societät. Zwei unveröffentlichte Dokumente. In: Deutsches Schiffahrtsarchiv 9. Hamburg 1986.
Schramm, Percy Ernst: Neun Generationen. Göttingen 1964.

Nach der Drucklegung dieses Buches erschien:
Sonntag, Johannes-Hendrik: Die preußische Wirtschaftspolitik in Ostfriesland 1744–1806/1813–1815 unter besonderer Berücksichtigung der Stadt Emden und des Emsverkehrs. Aurich 1987. (= Abhandlungen und Vorträge zur Geschichte Ostfrieslands, Band 66)

Register

Vorbemerkung

Die drei Teile des Registers sind unterschiedlich zusammengestellt. Vollständigkeit der Namen und Seitennachweise ist nur im Teil A »Schiffsnamen« angestrebt, wobei jedoch für das zweite Kapitel, das eine Rundreise der PRINCESS LOUISE auf den Seiten 39–134 ausführlich beschreibt, auf die Anführung einzelner Seitennachweise für dieses Schiff verzichtet wird. In Teil B »Geographische Namen« und Teil C »Namen von Personen und Institutionen« sind Namen, die für das Thema des Buches unbedeutend sind, nicht aufgenommen. – Die Abkürzung »f« hinter einer Seitenzahl bedeutet, daß auch die folgende Seite noch Angaben zum Stichwort enthält; »ff« besagt, daß mehrere folgende Seiten Informationen zur Sache liefern. Römische Ziffern bezeichnen Bildseiten.

A. Schiffsnamen

B. Geographische Namen

C. Namen von Personen und Institutionen